公路工程智慧工地技术研究及系统开发

王志斌　王兴举　李彦伟　杜群乐　冯　雷　著

人民交通出版社
北京

内 容 提 要

本书在作者团队多年的科研成果基础上,对公路工程智慧工地技术研究及系统开发进行了介绍和分析,并配以公路工程智慧工地管理信息系统实例应用,加深读者对智慧工地建设的理解。本书共分为三篇九章,其中第1章和第2章为导论篇,对智慧工地和公路工程智慧工地管理信息系统进行了简要概述;第3章至第5章为技术篇,对建设公路工程智慧工地所涉及的物联网等技术进行概述;第6章至第9章为系统篇,对公路工程智慧工地管理信息系统开发实例进行介绍,并对其能够实现的功能进行了展示说明。

本书内容丰富,结构清晰,理论和实践相结合,可为智慧工地施工管理者及相关研究者提供参考。

图书在版编目(CIP)数据

公路工程智慧工地技术研究及系统开发/王志斌等著. 北京:人民交通出版社股份有限公司,2024.4
ISBN 978-7-114-18918-0

Ⅰ.①公… Ⅱ.①王… Ⅲ.①智能技术—应用—道路工程—工程施工 Ⅳ.①U415-39

中国国家版本馆 CIP 数据核字(2023)第 147238 号

Gonglu Gongcheng Zhihui Gongdi Jishu Yanjiu ji Xitong Kaifa

书　　名:	公路工程智慧工地技术研究及系统开发
著 作 者:	王志斌　王兴举　李彦伟　杜群乐　冯 雷
责任编辑:	杨　明　单籽跃
责任校对:	赵媛媛
责任印制:	刘高彤
出版发行:	人民交通出版社
地　　址:	(100011)北京市朝阳区安定门外外馆斜街 3 号
网　　址:	http://www.ccpcl.com.cn
销售电话:	(010)59757973
总 经 销:	人民交通出版社发行部
经　　销:	各地新华书店
印　　刷:	北京建宏印刷有限公司
开　　本:	787×1092　1/16
印　　张:	12.25
字　　数:	280 千
版　　次:	2024 年 4 月　第 1 版
印　　次:	2024 年 4 月　第 1 次印刷
书　　号:	ISBN 978-7-114-18918-0
定　　价:	78.00 元

(有印刷、装订质量问题的图书,由本社负责调换)

Preface 前言

　　智慧，决定和改变了生活的品质。随着技术的不断创新和理念的不断提升，"智慧城市""智慧交通"和"智慧公路"等理念应运而生；与此同时，经济建设对交通基础设施的需求，也使各地公路工程的兴建成为必然。如何加强公路工程施工现场安全管理、杜绝各种违规操作和不文明施工行为、提高公路工程质量以及动态把控施工进度，是摆在各级政府部门、业界人士和广大学者面前的一项重要课题。在此背景下，物联网、信息化和人工智能等技术的快速发展为公路工程智慧施工与管理提供了契机，智慧工地建设应运而生。

　　公路工程智慧工地是一种崭新的公路工程全生命周期管理理念。这一理念是指运用信息化手段，通过对公路工程项目进行精确设计，围绕公路施工过程管理，建立互联协同、智能生产、科学管理的施工项目信息化生态圈，并进行数据挖掘分析，提供过程趋势预测及专家预案，实现公路工程施工可视化和智能化管理，以提高工程管理质量和效率，从而实现智能和绿色施工。

　　公路工程具有点多线长面广、投资高造价大、建设周期长、施工协作性高等特点，公路工程智慧工地通过将人工智能、传感技术、大数据等高科技应用到工程机械、人员穿戴设施和环境监测中，实现工程施工现场万物互联的整合。公路工程智慧工地的核心是以一种"更智慧"的方法来改进工程各干系组织和岗位人员交互的方式，提高了交互的明确性、灵活性和高效性，极大地解决了实现工程全生命周期管理难、协同合作难以及精细化管理难等问题。

　　本书主要是对公路工程智慧工地技术及系统开发进行研究，共分为三篇九章。第1章和第2章为导论篇，对智慧工地和管理信息系统进行了简要概述，介绍了其应用于公路工程项目中的意义。第3章至第5章为技术篇，对公路工程智慧工地建设涉及的技术进行了研究，主要从 BIM + GIS 融合技术、物联网技术及数据处理方法三个方面进行了论述。第6章至第9章为系统篇，主要为系统开发实例，分别介绍了各系统的开发设计阶段，并对其能够实现的功能进行了展示，其中，第6章介绍了一种公路工程智慧工地项目资料管理信息系统，第7章介绍了一种公路工程智慧工地施工管理信息系统，第8章介绍了一种公路工程智慧工地扬尘管理信息系统，第9章介绍了一种公路工程智慧工地安全监控系统。

本书由太行城乡建设集团有限公司王志斌总体统筹撰写并负责文稿审阅,石家庄铁道大学王兴举负责统稿工作,李彦伟、杜群乐、冯雷主要负责各章节的撰写。参与各章撰写的人员还包括赵文彬、梅生启、康学建、申大为、张新永、何培楷、霍东辉、李彦婷、刘佳玉、张荣群、李瑞欣、唐兰军、彭斯、张志强、张丹、张少波、张伊宁、闫泽楠、朱甄萌、杨纪龙、赵永澍、张博雯、黄威翰、张浩铭、郑琪、贾金鑫、丁浩、伊冕、李文虎、张琦、宋荣林、赵琳等,在此一并致谢。

此外,本书的出版得到了人民交通出版社和郭红蕊编辑的大力支持和帮助,在此同样致以诚挚的谢意。

由于时间仓促,水平有限,书中难免有错误和不足之处,恳请同行专家和广大读者给予批评指正。

太行城乡建设集团有限公司　王志斌
2024 年 1 月

Contents 目录

上篇　导论篇

第1章　绪论 ·· 002
1.1　智慧工地概述 ·· 002
1.2　公路工程智慧工地建设架构与意义 ··· 006

第2章　公路工程智慧工地管理信息系统 ··· 010
2.1　概述 ·· 010
2.2　硬件系统 ·· 011
2.3　软件系统 ·· 013

中篇　技术篇

第3章　BIM + GIS 融合技术 ·· 024
3.1　BIM ·· 024
3.2　GIS ··· 031
3.3　BIM + GIS 融合技术在公路工程智慧工地的应用 ······························· 039

第4章　物联网技术 ·· 046
4.1　传感器技术 ·· 046
4.2　定位技术 ·· 051
4.3　图像和视频技术 ·· 055
4.4　无线射频识别技术 ·· 060

第5章　数据处理方法 ·· 064
5.1　神经网络模型 ·· 064
5.2　支持向量机模型 ·· 066

5.3　多元线性回归模型 ··· 069

下篇　系统篇

第6章　公路工程智慧工地项目资料管理信息系统 ······················ 074
6.1　系统概述 ··· 074
6.2　系统功能设计 ··· 079
6.3　数据库设计 ··· 081
6.4　系统功能实现 ··· 084

第7章　公路工程智慧工地施工管理信息系统 ······························· 092
7.1　系统概述 ··· 092
7.2　系统功能设计 ··· 094
7.3　数据库设计 ··· 095
7.4　系统功能实现 ··· 104

第8章　公路工程智慧工地扬尘管理信息系统 ······························· 133
8.1　系统概述 ··· 133
8.2　系统功能设计 ··· 136
8.3　数据库设计 ··· 138
8.4　系统功能实现 ··· 144

第9章　公路工程智慧工地安全监控系统 ······································· 170
9.1　系统概述 ··· 170
9.2　系统硬件设计 ··· 172
9.3　系统功能设计 ··· 174
9.4　数据库设计 ··· 176
9.5　系统功能实现 ··· 179

上篇 导论篇

第1章 绪论

1.1 智慧工地概述

1.1.1 智慧工地内涵

1) 智慧工地的概念

智慧工地是智慧地球理念在工程领域的具体体现,是一种崭新的工程全生命周期管理理念,主要在施工设计环节、施工实际运行环节中发挥重要作用。

智慧工地围绕施工过程管理,运用信息化手段,通过三维设计平台对工程项目进行精确设计和施工模拟,建立互联协同、智能生产、科学管理的施工项目信息化生态圈,并对物联网采集到的工程信息数据进行数据挖掘分析,提供过程趋势预测及专家预案,实现工程施工可视化智能管理,以提高工程管理信息化水平,从而逐步实现绿色建造和生态建造的目标。

智慧工地将人工智能技术、传感技术、虚拟现实技术等信息化技术应用到建筑、机械、人员穿戴设施和场地进出关口设施等各类物体中,以便对施工现场的工作人员、机器设备、工程用料、施工工艺、施工环境等资源进行集中管理。这些资源利用"互联网"技术互联互通形成"物联网",并在实践中不断得到优化,通过管理人员调整工地管理模式,最终实现工程施工人员与工程施工过程之间的有效协调。

智慧工地的核心是以一种"更智慧"的方法来改进工程各相关组织和岗位人员之间交互的方式,以便提高交互的精准性、效率、灵活性和响应速度,提高施工质量、人员安全系数,缩短施工周期,推动建筑行业的信息化发展,为建设单位、施工企业、政府监管部门等提供工地现场管理信息化解决方案。

2) 智慧工地的特征

通过对相关研究及实际应用状况分析,可得出智慧工地的特点主要有以下四个方面:

(1) 专业高效化

智慧工地应用于一线施工现场,结合科技领域先进的工程技术,将前沿科技与工程管理过程相结合,提高了信息的整合与共享能力,实现计算能力的价值化,集成动态分散资源,为基础施工现场提供科技与管理支持,从而能够在源头上解决施工现场现存的多种问题,提升管理水平。

(2)数字平台化

智慧工地施工现场管理通过数字化的方式进行。在此过程中,数据能够以一种实时更新且容易传播的方式被处理和使用,并且通过云计算技术将施工现场映射形成虚拟化的管理环境。随着施工进程的不断推进,工程中越来越多的数据被记录引用,再通过整合分析形成分析报告,并服务于后续的施工过程。同时,智慧工地建立的信息集中管理平台持续开放,实现数据实时共享互通,不仅降低成本,而且保证信息时效性。

(3)在线智能化

智慧工地可实现现场声音、图像等实体的同步虚拟传达,实时获取现场信息,实现材料、设备以及人员的准确定位,推进人工智能技术的发展。智能化技术亦可与 GNSS(Global Navigation Satellite System,全球导航卫星系统)技术、传感器技术、自动控制技术、图像显示技术和软件系统等集成,提高工作效率,缓解人工压力,提高决策能力,降低管理风险。

(4)应用集成化

通过系统和数据的对接,将现场应用的子系统集成到监管平台,实现资源合理配置,创建协同工作环境,搭建立体式管控体系,控制一线施工现场的多变性,提高监管效率。

3)发展智慧工地的意义

智慧可以决定和改变一个城市的质量,而智慧城市的发展进程可以决定和提升该城市未来的地位和发展水平。在城市化的高级阶段,智慧城市以大系统整合、物理空间和网络空间交互、公众多方参与和互动实现城市创新,这不仅仅体现在现有的城市管理中,还存在于智慧城市的建造过程中。因为智慧城市不只是智慧的管理,还包括智慧建造的成果,而智慧工地就是实现智慧城市建造的基础之一。

建筑行业是我国国民经济的重要物质生产部门和支柱产业之一,但建筑业也是一个安全事故多发的高危行业。如何加强施工现场安全管理、降低事故发生频率、杜绝各种违规操作和不文明施工现象、提高建筑工程质量,是摆在各级政府部门、业界人士和广大学者面前的一项重要研究课题。

(1)提高施工安全性

在此背景下,伴随着技术的不断发展,信息化手段、移动技术、智能穿戴及工具在工程施工阶段的应用不断提升,智慧工地建设应运而生。这种新型工地运用了多种先进的科学技术,配备了多种可靠的监控设备,对施工现场的安全管理工作和违规操作行为进行管控,并由管理人员及时提醒,可以有效地提升施工过程中人员的安全性,从而降低事故率。

(2)保证施工过程的规范性

由于运用多种信息化手段和多种先进移动互联技术,并配备智能设备和相应的工具,确保施工过程中工人能够按照相关工序严格进行施工,不会出现违规操作,保证了工地的安全性,无形当中也提升了建筑工程的整体质量。同时,建设智慧工地在实现绿色建造、引领信息技术应用、提升社会综合竞争力等方面具有重要意义。

(3)提升工程管理水平

在大型建筑工程施工过程当中,需要使用的物资和设备都比较多。这些物资和设备也需要实时进行管控,才可保证更高的利用率,确保不会出现更多安全隐患。而通过智慧工地就可以对物资和设备进行更高效的管控。

（4）推动社会经济发展

在推动经济发展方面,智慧工地打开了百亿级市场新空间:作为广义上的工地信息化,智慧工地以"美丽中国"和"新型城镇化"为大背景,深耕施工阶段的千万级客户群体和百亿级信息化空白市场,以工地大模型、工地大数据、工地大协同、应用碎片化为标准,积极布局钢筋翻样、精细管理、材料管理等成熟领域,刺激传统行业焕发新的发展活力。开拓三维工地、模架产品、劳务验收、云资料等孵化产品,并计划将其延伸到智能安全帽、工地平板等施工业务硬件领域,带动相关产业发展升级。

1.1.2 智慧工地整体架构

智慧工地整体架构可以从三个层面来介绍,如图 1-1 所示。

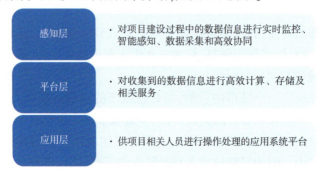

图 1-1 智慧工地平台架构图

第一层是感知层,充分利用物联网技术和移动互联技术提高对现场的管控能力。通过 RFID(Radio Frequency Identification,射频识别)、传感器、摄像头等信息采集设备,实现对项目建设过程的实时监控、智能感知、数据采集和高效协同,提高作业现场的管理水平。

第二层是平台层,由于各系统中处理的复杂业务、产生的大量模型和大数据对服务器提供高性能的计算能力和低成本的海量数据存储能力产生了更高层次的要求,因此,需要通过云平台进行高效计算、存储及相关服务,让项目各参建方更便捷地访问数据,协同工作,使得建造过程更加集约、灵活和高效。

第三层是应用层,智慧工地应用层的核心内容始终围绕着提升工程项目管理这一关键业务展开。所以,利用合适的管理信息系统对施工现场进行合理的管理是十分关键的。BIM(Building Information Modeling,建筑信息模型)的可视化、参数化、数据化的特性让建筑项目的管理和交付更加高效和精益,是实现项目现场精益管理的有效手段。管理信息系统与 BIM 系统为项目的生产与管理提供了大量可供深加工和再利用的数据信息。这些海量信息和大数据的管理与利用,则需要 DM(Data Management,数据管理)系统的支撑。

感知层、平台层、应用层,三者相互结合,以最终实现工地现场的智慧化管理。

智慧工地构筑的平台采用先进的云计算、大数据、物联网、移动通信等技术,通过"云+端"模式,将移动执法终端和施工设备的工作动态情况,工地周围的视频数据,混凝土和渣土车位置、速度信息及时上传给综合管理平台,以实现劳务、安全、环境、材料等各业务环节的智能化、互联网化。

1.1.3 智慧工地关键技术

将先进的信息技术引入到工程的施工现场,可以使项目参与人员能够更加精准地把握施工进程,使施工的数据信息能够得到充分使用,使工程的施工现场变得更加智能化。支撑智慧工地发展的相关技术主要包括:BIM技术、空间信息技术、可视化技术、虚拟现实技术、物联网、云计算、数据库技术、网络通信技术。

(1) BIM技术

BIM(Building Information Modeling,建筑信息模型)技术是一种利用数字信息模型对项目进行设计、施工和运营的技术,其中BIM模型中包含了工程项目所有的几何、物理、功能和性能信息,它提高了工程项目设计、施工及运营的科学管理能力,实现了建设项目全生命周期管理。此外,BIM技术能够有效解决二维图纸存在的不足。当前BIM技术应用前景非常广阔,被誉为建筑工程业的新一代技术革命。

(2) 空间信息技术

空间信息技术(Spatial Information Technology)是地理信息系统、遥感技术和卫星定位系统的统称,又称3S技术。其结合计算机技术和通信技术,进行空间数据的采集、量测、分析、存储、管理、显示、传播和应用等。3S技术是智慧工地成果的集中展示平台,其可以实现工地在全球上的定位和地理信息的展示。

(3) 可视化技术

可视化(Visualization)技术是利用计算机图形学和图像处理技术将数据转换成图形或图像后在屏幕上显示出来,最后再进行交互处理的理论、方法和技术。将可视化技术应用到工程项目中,可以将施工项目信息更直观地展示给用户。可视化技术是智慧工地实现三维展示的前提。

(4) 虚拟现实技术

虚拟现实(Virtual Reality,VR)技术,是一种利用现实数据,由电脑技术辅助生成的高技术仿真模拟环境的技术。其利用计算机模拟生成一个三维的虚拟空间模型,通过多种传感设备使用户"沉浸"到该环境中,实现用户与该环境直接进行自然交互,拥有比现实世界更加直观的感受。虚拟现实技术在智慧工地的发展过程中起到重要的作用。

(5) 物联网

物联网(Internet of Things,IoT)是新一代信息技术的重要组成部分。顾名思义,物联网就是"物物相连的互联网",是将任何物品与互联网相连接,进行信息交换和通信,以实现智能化识别、定位、追踪、监控和管理的一种网络技术。物联网技术将高效地实现智慧工地数据采集功能,为智慧工地的信息处理技术和决策分析提供实时的数据支撑。

(6) 云计算

云计算(Cloud Computing)是指通过计算机网络(多指因特网)形成的计算能力极强的系统,可存储、集合相关资源并可按需配置,向用户提供个性化服务,而且这种服务不受地点和客户端的限制。云计算后端具有非常庞大、可靠的云计算中心。将云计算应用到智慧工地项目中,可以使之在付出较少成本的前提下,获得较高的用户体验。

(7) 数据库技术

数据库是用来组织、存储和管理数据的计算机软件系统。数据库是数据管理的新方法和技术,能更合理地组织数据、更方便地维护数据、更严密地控制数据和更有效地利用数据。将数据库应用于智慧工地项目中,可以大大提高数据信息的处理能力。数据库是建设智慧工地的重要技术手段。

(8) 网络通信技术

网络通信技术(Network Communication Technology)是指通过计算机和网络通信设备对图形或文字等形式的资料进行采集、存储、处理和传输等操作,使信息资源达到充分共享的技术。可根据实际工程建设情况,利用手机网络、无线 WiFi 网络、无线电通信等方案,满足工程建设的通信需求。

1.2 公路工程智慧工地建设架构与意义

在建筑施工行业的现代化转型中,智慧工地扮演着连接过去和未来的重要角色。将智慧工地这一概念引入公路工程领域,可以促进公路工程项目施工环节和管理技术的创新性发展。通过对各种信息化技术的综合运用,工作人员开发出各种应用功能模块,为公路工程项目提供智慧化的管理模式,全面提高公路工程的施工质量和施工管理水平。

1.2.1 公路工程智慧工地总体框架

公路工程智慧工地建设是在传统公路工程项目建设的基础上,对工程项目各阶段的工作进行升级的过程。将智慧工地技术融入公路工程项目建设的各阶段中,可进一步规范施工操作,完善公路工程的管理制度,不断提升公路工程的项目质量。因此,公路工程智慧工地的建设需要从以下几个方面入手:

(1) 提高施工人员管理意识与施工技术水平

随着时代发展,公路工程智慧工地建设将是大势所趋,将智慧工地技术应用于公路施工项目建设中,可促使施工企业尽快适应现代化要求,为企业长远发展打下坚实基础,同时使施工企业具备自动化与智能化的现代企业特性。公路项目现处于传统工地施工方式阶段,还需要提高施工人员管理意识与施工技术水平,使项目工作人员能够更好地适应智慧工地的工作节奏。

(2) 优化施工组织方案

智慧工地技术的应用,可明显提高公路建设质量,并促进施工效率的提高。对此,施工企业需要按照智慧工地技术标准,制定具体的施工组织方案,确保在施工管理现场中各阶段工程顺利开展,并对可能出现的问题制定有效的防御措施。在实际施工管理中,为更好保证智慧工地建设效果,相关人员需要依据施工现场状况不断优化调整管理措施,充分发挥智慧工地技术作用。

（3）组建专门的管理运营团队

公路项目建设智慧工地中，为更好发挥其具有的应用效果与基本作用，相关施工单位需要依据施工作业特点和智慧工地技术特性组建专门的管理运营团队，负责围绕智慧工地技术特点，在保证工程质量符合相关建设要求的前提下，综合分析治理公路项目施工中出现的相关质量问题。同时，在公路建设实际施工管理中，为进一步提高工地作业人员的安全性，需要增加安全标志，同时应对工作人员进行安全教育，提高其自身安全认知度。因此，在工地工程管理中，智慧工地技术的建设，需要通过组织专业培训课程，对管理人员安全认知度和相关防范知识进行培训，在保证施工人员安全的前提下，保证工程质量。

（4）完善相关管理制度

施工企业在建设智慧工地时，还需要依据企业自身特性与智慧工地特点，逐步完善相关管理制度，为智慧工地的落实营造良好环境。同时，还需要以公路建设要求与标准为前提，进一步完善优化管理措施。在管理措施实施中，结合智慧工地技术独有的运行方式，将自动化与智能化技术应用到管理制度中，以建设实际效果为基准，综合管理施工过程。

图 1-2 所示为公路工程智慧工地信息化系统的总体框架，包括现场应用模块、集成监管模块、决策分析模块、信息中心模块和行业监管模块五个方面内容。

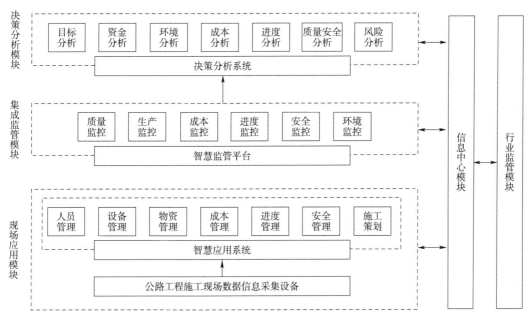

图 1-2 公路工程智慧工地信息化系统总体框架

（1）现场应用模块：通过专业化系统，利用物联网等先进信息化技术手段，适应现场环境的要求，提高数据获取的准确性、及时性、真实性和响应速度，实现公路工程智慧施工过程的全面感知、互联互通和协调作业。

（2）集成监管模块：通过数据标准和接口的规范，将现场应用模块中的数据应用至智慧监管平台，创建协同工作环境，实现对施工过程的监控管理。

（3）决策分析模块：基于实时采集并集成的一线数据建立决策分析系统，通过大数据分析技术对监管数据进行科学分析、决策和预测，实现辅助决策功能，提高企业和项目的科学决策和分析能力。

（4）信息中心模块：建立数据信息中心，将收集的现场数据进行整合处理，并实现数据共享。

（5）行业监管模块：预留接口对接行业监管系统，实现向行业监管的延伸。

1.2.2 公路工程智慧工地建设意义

在公路工程项目中运用智慧工地技术，可实时监测施工过程中各个环节质量，并具体地记录分析施工作业中实际的工艺参数，进而建立数字化全过程管理与控制平台。通过建设数字化路基路面施工质量控制体系，提高了公路建设的安全性、高效性与规范性。对施工过程进行可视化分析，制定防治措施，有利于提高公路施工项目的质量管理力度、质量管控水平和公路建设的核心竞争力。通过建设智慧工地可实现施工全项目过程的数字化管控，实时监测公路工程质量，提高公路工程的质量掌握水平。总体来说，公路工程建设中智慧工地的建设意义包括以下四个方面。

（1）提高公路工程智慧工地建设过程的数据利用率

通过公路工程智慧工地技术可采集得到施工过程中产生的全部数据，并可在数据库中长期保存。一方面，能够保证数据的全面性与完好性，方便审查；另一方面，有利于后期数据追查。利用原始数据可了解工程施工工艺、施工参数和施工过程等，便于后期公路养护管理工作的实施。

（2）提高公路工程智慧工地透明度

利用互联网技术与传感器技术对公路工程智慧施工全过程产生的数据进行自动化采集，对施工进度数据、施工质量数据进行实时反馈记录，避免人为因素造成的数据误差与失真。同时，公路工程智慧工地技术可使施工数据更为透明，有利于解决效率低和责任不明确的问题，便于项目进度的实时监管。公路工程智慧工地技术可提供项目进度预警机制与项目进度报表，利于管理者随时随地了解项目的完工状况、项目进度偏差、进度预警、未完工报表等相关信息。

（3）便于实时监督公路工程智慧施工质量

在公路工程建设过程中推广智慧工地技术，可帮助管理者采集工地的实时监控数据，以避免在施工过程中出现不合规范的操作。同时，可利用公路工程智慧施工移动终端，在项目规范与施工工艺存在偏差时，准确且准时地通知施工负责人员与相关的管理部门，使其立即对不规范的地方进行修改，大大提高了施工的质量与效率。

（4）降低公路工程智慧施工成本

通过公路工程智慧工地技术可对公路建设中各环节施工进度与施工质量进行实时采集监控，优化供料调度，减少施工资源的浪费，提高施工效率与整体的管理效率。例如，施工人员可利用车载人机交互可视化设备，对公路压实效果与压实轨迹进行实时监测，如此既能更好地掌握路基路面施工质量，还能避免重复作业状况，降低了人工成本、时间成本与机械作业的成本。

本章参考文献

[1] 徐友全,贾美珊. 物联网在智慧工地安全管控中的应用[J]. 建筑经济,2019,40(12):101-106.

[2] 杜黎明,王燃. 物联网技术在智慧工地中的应用研究[J]. 核动力工程,2020,41(S1):92-95.

[3] 黄建城,徐昆,董湛波. 智慧工地管理平台系统架构研究与实现[J]. 建筑经济,2021,42(11):25-30.

[4] 邱洲. 公路工程智慧工地开发模块建设及具体应用[J]. 公路,2021,66(7):214-216.

[5] 孙文侠,王志文. "智慧工地"在公路工程中的应用研究[J]. 公路,2019,64(8):353-355.

[6] 汤光恒. 计算机图像识别技术在建筑工程中的应用[J]. 工业建筑,2022,52(4):297.

[7] 王要武,陶斌辉. 智慧工地理论与应用[M]. 北京:中国建筑工业出版社,2019.

[8] 郭峰,徐浩. 新基建"互联网+智慧工地"[M]. 北京:科学出版社,2022.

[9] JASELSKIS E J, ANDERSON M R, JAHREN C T, et al. Radio-frequency identification applications in construction industry[J]. Journal of Construction Engineering and Management, 1995,121(2):189-196.

[10] KUENZEL R, TEIZER J, MUELLER M, et al. Smart site: intelligent and autonomous environments, machinery, and processes to realize smart road construction projects[J]. Automation in Construction, 2016,71:21-33.

第2章 公路工程智慧工地管理信息系统

公路工程智慧工地管理信息系统的建立旨在通过数字化技术对公路工程施工现场的"人、机、料、法、环"等各关键要素进行全面感知和实时互联。通过"一个中心,一个平台,多个监测系统"的综合性一体化管理信息系统,助力实现公路工程项目管理的信息化、数字化、智能化,从而形成"数据一个库、监管一张网、管理一条线"的项目施工现场。公路工程智慧工地管理信息系统总体结构如图2-1所示。

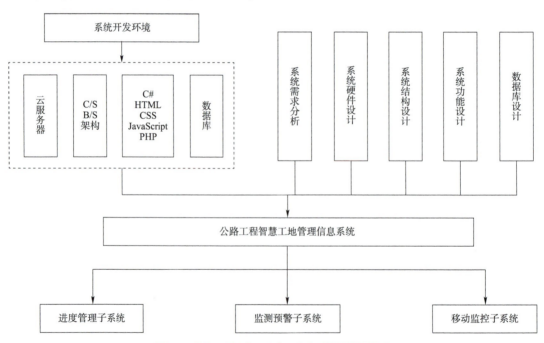

图2-1　公路工程智慧工地管理信息系统总体结构图

2.1　概　　述

管理信息系统(Management Information System,MIS)是一个以人为主导,利用计算机硬件、软件、网络通信设备以及其他办公设备,进行信息的收集、传输、加工、储存、更新、拓展和维护等的系统。完善的管理信息系统具有 4 个标准:确定的信息需求,信息的可采集与可加工,可以通过程序为管理人员提供信息,可以对信息进行管理。信息是管理中一项极为重要的资源,管理工作的成败取决于能否做出有效的决策,而决策的准确程度则在很大程度上取决于信息的质量,所以能否有效地管理信息是企业的首要问题。因此,对管理信息系统的需求在强调管理和强调信息的现代社会中越来越迫切。管理信息系统结构原理如图 2-2 所示。

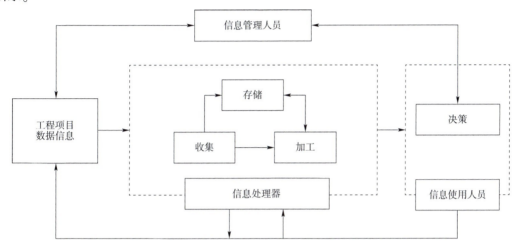

图 2-2 管理信息系统结构原理示意图

本章主要阐述了智慧工地管理信息系统涉及的硬件设施及软件系统。系统的硬件设施主要包括用来采集数据的感知设备及支持此系统正常运行的服务器等。软件方面介绍了软件体系的结构及软件系统的开发语言。

2.2 硬件系统

硬件系统是指承载公路工程智慧工地管理信息系统的物理设备。硬件系统的特点包括:

(1)在满足使用管理信息系统进行工程项目业务处理和其他管理功能需要的前提下,为各种处理功能、计算功能和管理功能提供统一的操作平台。

(2)具有系统扩展能力。随着公路工程项目的建设,可能会出现其他新的需求,所以智慧工地管理信息系统应该具有一定的拓展能力。

(3)由于管理信息系统是整个工程项目的核心,是衔接各职能部门的枢纽,所以系统应安全可靠,确保主要设备不中断工作和工作数据不丢失。在设计阶段应当综合性价比,提出合理的硬件部署方案。

(4)系统应具备视频图像收集能力,从而满足智慧工地管理信息系统对施工现场的实时反映的需求,以及对工程施工过程的监管需求。

2.2.1 传感器

传感器是一种检测装置,能感受到被测量的信息,并能将感受到的信息按一定规律变换成电信号或其他形式的信息输出,以满足信息的传输、处理、存储、显示、记录和控制等要求。传感器一般由敏感元件、转换元件、变换电路和辅助电源四部分组成,如图2-3所示。

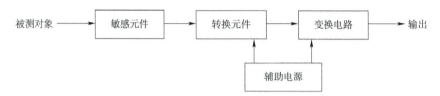

图2-3 传感器的组成

传感器的特点包括:微型化、数字化、智能化、多功能化、系统化、网络化,它是实现自动检测和自动控制的首要环节。传感器的存在和发展,让物体有了触觉、味觉和嗅觉等感官,让物体慢慢活了起来。传感器通常根据其基本感知功能分为热敏元件、光敏元件、气敏元件、力敏元件、磁敏元件、湿敏元件、声敏元件、放射线敏感元件、色敏元件和味敏元件十大类。

传感器承担感知信息的作用,是物联网的重要组成部分,一直是工业领域和信息技术领域发展的重点。传感器不仅感知信号、标识物体,还具有处理控制功能。物联网感知层由各种传感器及传感器网关构成,包括二氧化碳浓度传感器、温度传感器、湿度传感器、二维码标签、RFID标签和读写器、摄像头、定位模块等感知终端。传感器可以采集工程项目所需的现场数据,并通过通信技术实时地传输到服务器中,以便工程各方工作人员进行查看与处理。

2.2.2 云服务器

云服务器(Elastic Compute Service,ECS),又称云主机,是一种简单高效、安全可靠、处理能力可弹性伸缩的虚拟服务器,其可通过互联网云计算进行一系列的远程操作。与物理服务器相比,云服务器配置更加灵活,拥有高度独立的运行环境。同时,其管理方式更简单高效,用户无须提前购买硬件,即可迅速创建或释放任意多台服务器。云服务器可帮助用户快速构建更稳定、安全的应用,提升运维效率,降低开发和运维的难度以及整体的成本。

云服务器的作用主要包括以下三部分。

(1)放置网站和电子平台

随着互联网发展得越来越快,许多公司选择将其网站放置在云服务器上,并允许用户直接通过云服务器访问它们,如企业网站、博客、电子商务平台和管理信息系统等。此方式不但具有运行稳定、数据安全的优势,而且具有成本效益。

(2)放置App和其他应用程序

云服务器不仅可以部署Web项目,诸如App之类的应用程序,以及任何希望用户通过网络访问的应用程序,都可以放置在云服务器上。但是,应该注意的是,一般App和其他应用程序对云服务器配置要求较高,所以尽量选择配置较高的云服务器。

（3）存储和共享数据

许多工程项目由于数据量大，需要实时共享，会专门购买云服务器来存储数据。这样不仅安全性高，而且在线下载和数据共享非常方便。

采用浏览器/服务器架构模式开发的管理信息系统，其优点之一就是不受地点限制，可以随时随地进行系统登录和访问、业务查询和浏览等操作，但是系统的实现需要配置服务器。通过云服务器的数据库搭建与环境配置，可实现数据存储与共享。将系统开发文件部署在服务器，然后再结合相应的可用域名，通过域名解析发布，从而实现系统的访问和浏览。云服务器的计算性能优越，是一种可伸缩的计算服务器，可以根据系统的消耗和要实现的系统功能随时进行扩展，从而降低用户的使用成本，避免不必要的空间浪费；当内存和运行效率不足时，随时可以进行性能提升，具有较好的经济性和方便性。此外，云服务器具有很好的安全性，可以为系统的稳定运行提供基本保障。

2.3 软件系统

管理信息系统可以对各类资源进行科学管理，规范和优化流程，实现内部的协同合作，使业务操作系统化、规范化。在此基础上，还可以有效地对重点业务实行全面的质量监控，做到全面覆盖与重点监控并重。对各类资源的整合避免了业务边界盲点和重叠，提高了工作效率，同时为决策提供图形化、报表化数据分析，为决策提供辅助。使用计算机技术搭建的管理信息系统，摆脱了纸质化产生的传送难、保存难等各种问题，降低了成本，提升了效率。智慧工地管理信息平台具有以下优势：

（1）提供统一的信息交互平台。智慧工地管理信息平台作为各部门的信息交互中心，为工程项目管理与控制、基础设施管理、紧急事件处理中心等部门提供统一的信息交互平台，故应提供与之匹配的软件平台，其中包括操作系统、数据库管理软件、网络通信和网络管理支持软件等。

（2）软件的开放性和标准性。软件以主流成熟技术为基础，采用符合国际标准、国家标准、工业标准规范要求的软件和相关的接口协议。

（3）软件采用模块化结构，便于功能扩展和处理能力的扩充。

（4）软件具有较高的容错能力，具备在异常情况下自我保护、识别的功能。

（5）具有预测和控制能力。用数学模型，如运筹学模型和数理统计模型等，来分析数据和信息，从大量工程项目数据推导出项目有关问题的最优解和满意解，以便预测工程项目可能出现的情况，从而辅助管理人员进行决策。

（6）它是一个人机结合的系统，管理信息系统辅助决策，最终由人做决策，各级管理人员既是系统的使用者，又是系统的组成部分。

2.3.1 软件体系结构

软件体系结构是具有一定形式的结构化元素，即构件的集合，包括处理构件、数据构件和连接构件。处理构件负责对数据进行加工,数据构件是被加工的信息,连接构件负责把体系结构的不同部分组合连接起来。

1) C/S 架构

C/S 架构是一种比较早的软件架构,其中,C 是指客户端(Client),S 是指服务器(Server)。C/S 架构模式是指客户端/服务器模式,即计算机软件协同工作的一种模式,通常采取两层结构,服务器负责数据的管理,客户机负责完成与用户的交互任务。C/S 架构如图 2-4 所示。

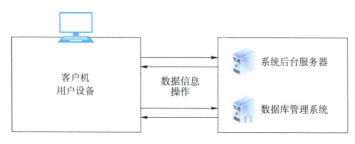

图 2-4　C/S 架构

客户机通过局域网与服务器相连,接受用户的请求,并通过网络向服务器提出请求,对数据库进行操作。其为用户专有,负责执行前台功能,在出错提示、在线帮助等方面具有强大的功能,并且可以在子程序间自由切换。

服务器是 C/S 架构的核心,也是资源和服务的提供者,它负责存储数据、处理请求,并同时为多个用户提供服务。服务器在对用户的请求进行响应时,会先对客户机发出的请求进行接收并将数据返回给客户机,之后由客户机对数据进行计算并将结果呈现给用户。

由于客户端实现与服务器的直接相连,没有中间环节,因此响应速度快。客户操作界面设计个性化,具有直观、简单、方便的特点,可以满足客户个性化的操作要求。同时由于开发是针对性的,因此,操作界面漂亮、形式多样,可以充分满足客户自身的个性化要求。

正因为是针对性开发,因此缺少通用性,业务变更或改变不够灵活,当业务变更或改变时需要重新设计和开发,这无疑增加了维护和管理的难度,导致进一步的业务拓展困难较多;需要专门的客户端安装程序,分布功能弱,不能够实现快速部署安装和配置;兼容性差,不同的开发工具之间很难相互兼容,具有较大的局限性,若采用不同工具,需要重新改写程序。因此,开发成本较高,需要具有一定专业水准的技术员才能完成。

2) B/S 架构

基于以上二层结构的不足,三层结构伴随着中间件技术的成熟而兴起,也就是 B/S 架构。其核心概念是利用中间件将应用分为表示层、业务逻辑层和数据存储层三个不同的处理层次。

B/S 架构(Browser/Server,浏览器/服务器模式),是 Web 兴起后的一种网络结构模式。这种模式统一了客户端,将系统功能实现的核心部分集中到服务器上,简化了系统的开发、维护和使用。在这种结构模式下,用户的工作界面是直接通过 Web 浏览器进行查看的。此种结构可以实现不同人员从不同地点,以不同的接入方式(比如 LAN,WAN,Internet/Intranet 等)进行访问和操作。该结构在 TCP/IP 的支持下,以 HTTP 为传输协议。客户端通过 Browser 访问 Web 服务器,其中 Web 服务器通过各种方式与数据库服务器连接。B/S 架构由浏览器、Web 服务器、应用服务器和数据库服务器组成。客户端的浏览器通过 URL 访问 Web 服务器，Web 服务器请求数据库服务器，并将获得的结果以 HTML 形式返回客户端浏览器。

B/S 架构有三层，如图 2-5 所示。

第一层是浏览器，即客户端，为用户的操作界面。用户不需要安装客户端，只需打开浏览器便可上网操作。考虑其面向的人群范围广阔，所以界面功能设计得比较简单直观。浏览器只需要有简单的输入、输出功能和处理极少部分的事务逻辑即可。

第二层是 Web 服务器，是信息传送途径。当用户想要访问数据库时，会首先向 Web 服务器发送请求，再由 Web 服务器统一请求后向数据库服务器发送访问数据库的请求。这个请求是以 SQL 语句实现的。

第三层是数据库服务器，顾名思义，是用来存放数据的地方。当数据库服务器接收到来自 Web 服务器的请求后，会对 SQL 语句进行处理，并将返回的结果发送给 Web 服务器，Web 服务器将接收到的数据结果转化为 HTML 文本形式发送给浏览器，这也就是我们在浏览器看到的界面。

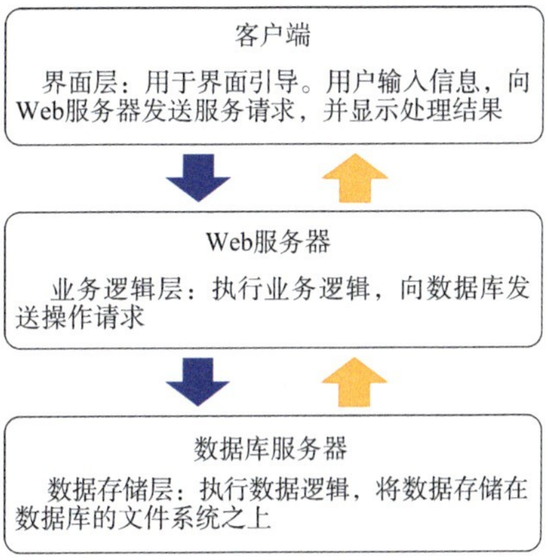

图 2-5 B/S 架构

B/S 架构采取浏览器请求，服务器响应的工作模式，其工作原理如图 2-6 所示。

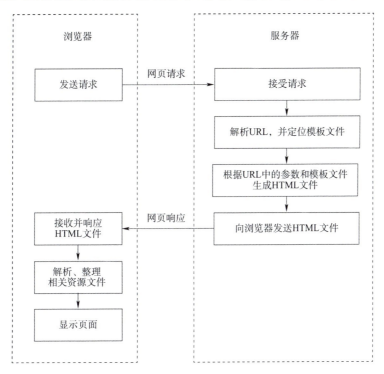

图 2-6 B/S 架构工作原理

在 B/S 架构模式中，用户是通过浏览器对许多分布于网络上的服务器进行请求访问的。

浏览器的请求通过服务器进行处理,并将处理结果及相应的信息返回给浏览器,其他的数据加工、请求全部都是由 Web 服务器完成的。通过该框架结构及植入操作系统内部的浏览器,该结构已经成为当今软件应用的主流结构模式。

用户可以通过浏览器去访问 Internet 上由 Web 服务器产生的文本、数据、图片、动画、视频点播和声音等信息;而每一个 Web 服务器又可以通过各种方式与数据库服务器连接,大量的数据实际存放在数据库服务器中。从 Web 服务器上下载程序到本地来执行,在下载过程中若遇到与数据库有关的指令,便会由 Web 服务器交给数据库服务器来解释执行,并返回给 Web 服务器,最后由 Web 服务器再返回给用户。在这种结构中,将许许多多的网连接到一块,形成一个巨大的网,即全球网,各个企业可以在此结构的基础上建立自己的网络。

C/S 架构与 B/S 架构两者之间各有优势,其区别详见表 2-1。

C/S 架构与 B/S 架构的区别　　表 2-1

名称	C/S 架构	B/S 架构
建立基础	局域网	广域网
安装	需要安装	只需要浏览器
压力	客户端压力大	服务器压力大
其他	升级和维护成本高,不受网速影响,断网时不能与其他电脑共享资源,更安全	适应性更强,受网速影响,不够安全,更加注重访问速度,共享性强,业务拓展方便,维护简单,兼容问题大

2.3.2 开发语言

1)C#

C#(C-Sharp)是一种由微软(Microsoft)开发的通用且面向使用者的程序语言,由于 Windows 系统中最为适配的框架为.NET,而 C#语言也是以此框架为基础开发的,与系统较为契合,C#语言能够对组件式构件进行直接搭载,便于各种软件的二次开发。

C#语言是从 C 语言逐步发展而来的,在发展过程中也吸纳了其他语言的优点,相比之下,C#语言演化出了许多的新特性。

(1)C#语言经过长时间的修改,变得简洁且易于理解。C#语言操作时无法通过指针等开发方式运行,需要通过代码的形式并经过系统检测后才能运行,因此决定了 C#语言的简洁性。其维持运行仅需要通过代码,减少了界面等因素的干扰。同时,C#语言具有标准的规范制定原则,在语言端将其进行了统一,易于使用者理解。

(2)C#语言具有先进性。C#语言适用于现代社会,它能够实现以前的编程语言中无法实现的或随着时间发展产生的新生事物,如 C#语言能够对其产生的垃圾进行处理,可以大大缩减空间占用,能够对其产生的异常信息进行报错和分析等。在现代网络环境下,C#语言具备保护系统及软件安全的能力,确保了在现代复杂的网络环境中的安全。

（3）C#语言的兼容性较强。由于 C#语言是从 C 语言等发展而来的,具备了这些语言的优点,同时能够很好地兼容以前的技术体系。目前使用最多的 COM 体系中,C#语言是应用最多的语言,这也证明了 C#语言在兼容性方面的优势。

（4）C#语言具有严格的类型安全性。在 C++ 语言中,语言的类型问题为开发者带来了很大的麻烦,而 C#语言为了改进这一问题,建立了严格的类型安全保护方法,解决了传统 C++ 语言中关于变量的初始化、类型转换时的可行性、程序计算能否运行及数组中超出引用下标等问题。通过 C#语言在运行时能够自动识别出这些问题,并对其进行指引,减少了类型问题对开发者的影响。

（5）C#语言具有严格的版本控制技术。大部分程序运行都需要使用 DLL 函数库,然而 DLL 库会出现名称相同但版本不同的情况,在通过编程语言对不同程序进行调用时,因 DLL 库的问题易导致程序无法运行或中断运行的情况。而 C#语言具备严格的版本控制技术,在类库升级时也会保留对旧版本的兼容,在 DLL 出现问题时会对问题进行分析,并提出解决方法,为开发者解决问题提供了建议,尽最大限度地解决问题。

2）HTML

超文本标记语言（Hyper Text Markup Language,HTML）是一种用于创建网页的标准标记语言,是网页制作所必备的。HTML 是由 Web 的发明者 Tim Berners-Lee 和其同事 Daniel W. Connolly 于 1990 年创立的一种标记语言。用 HTML 编写的超文本文档称为 HTML 文档,它能独立于各种操作系统平台（如 UNIX、Windows 等）。

值得注意的是,超文本标记语言并不是一种编程语言,而是一种标记语言（Markup Language）。此处的"超文本"是指网页页面内可以包含图片、链接,甚至包含音乐、程序等非文字元素。

HTML 是一种规范、一种标准,它通过标记符号来标记要显示在网页中的各个部分。网页文件本身是一种文本文件,通过在文本文件中添加标记符,可以告诉浏览器如何显示其中的内容（如文字如何处理、画面如何安排、图片如何显示等）。浏览器按顺序阅读网页文件,然后根据标记符解释和显示其标记的内容,对书写出错的标记将不指出其错误,且不停止其解释执行过程,编制者只能通过显示效果来分析出错原因和出错部位。但需要注意的是,不同的浏览器对同一标记符可能会有不完全相同的解释,因而可能产生不同的显示效果。

HTML 之所以被称为超文本标记语言,是因为文本中包含了所谓"超级链接"点,即一种 URL 指针,通过激活（点击）它,可使浏览器方便地获取新的网页。这也是 HTML 获得广泛应用的最重要的原因之一。

由此可见,网页的本质就是 HTML,通过结合使用其他的 Web 技术（如脚本语言、CGI、组件等）,可以创造出功能强大的网页。因而,HTML 是 Web 编程的基础,也就是说万维网（WWW）是建立在超文本基础之上的。一个网页对应一个 HTML 文件,HTML 文件以 .htm 或 .html 为扩展名,且可以使用任何能够生成 TXT 类型源文件的文本编辑来产生 HTML 文件。HTML 具有以下特点:

（1）简易性:超文本标记语言版本升级采用超集方式,从而更加灵活方便。

(2)可扩展性:超文本标记语言的广泛应用带来了加强功能、增加标识符等要求,超文本标记语言采取子类元素的方式,为系统扩展带来保证。

(3)平台无关性:虽然个人计算机大行其道,但使用MAC等其他机器的大有人在。超文本标记语言可以使用在广泛的平台上,这也是万维网盛行的另一个原因。

(4)通用性:HTML是网络的通用语言,一种简单、通用的全置标记语言。它允许网页制作人建立文本与图片相结合的复杂页面。用户无论使用什么类型的浏览器,都可以对这些页面进行查看。

3) CSS

层叠样式表(Cascading Style Sheets,CSS)是一种用来表现HTML(标准通用标记语言的一个应用)或XML(标准通用标记语言的一个子集)等文件样式的计算机语言。CSS主要用于设计网页样式,美化网页。CSS不仅可以静态地修饰网页,还可以配合各种脚本语言动态地对网页各元素进行格式化。

CSS能够对网页中元素位置的排版进行像素级精确控制,支持几乎所有的字体字号样式,拥有对网页对象和模型样式编辑的能力,利用它可以实现仅修改一个样式,便可同时更新与该样式相关的所有页面元素。

CSS为HTML提供了一种样式描述,定义了其中元素的显示方式。CSS在Web设计领域是一个突破。总体来说,CSS具有以下特点:

(1)丰富的样式定义:CSS提供了丰富的文档样式外观、设置文本及背景属性的能力;允许为任何元素创建边框、元素边框与其他元素间的距离,以及元素边框与元素内容间的距离;允许随意改变文本的大小写方式、修饰方式及其他页面效果。

(2)易于使用和修改:CSS样式表可以将所有的样式声明统一存放,进行统一管理。另外,可以将相同样式的元素进行归类,使用同一个样式进行定义,也可以将某个样式应用到所有同名的HTML标签中,或将一个CSS样式指定到某个页面元素中。如果要修改样式,只需要在样式列表中找到相应的样式声明进行修改即可。

(3)多页面应用:CSS样式表可以单独存放在一个CSS文件中,这样就可以在多个页面中使用同一个CSS样式表。CSS样式表理论上不属于任何页面文件,在任何页面文件中都可以将其引用。这样就可以实现多个页面风格的统一。

(4)可层叠设置:简单地说,层叠就是对一个元素多次设置同一个样式,并使用最后一次设置的属性值。例如,一个站点中的多个页面使用了同一套CSS样式表,而某些页面中的某些元素想使用其他样式,就可以针对这些样式单独定义一个样式表应用到页面中。这些后来定义的样式将对前面的样式设置进行重写,在浏览器中看到的将是最后设置的样式效果。

(5)页面压缩:在使用HTML定义页面效果的网站中,往往需要大量或重复的表格和font元素形成各种规格的文字样式,这样做的后果会产生大量的HTML标签,从而使页面文件的大小增加。而将样式的声明单独放到CSS样式表中,可以大大地减小网页体积,这样在加载页面时使用的时间也会大大地减少。另外,CSS样式表的复用更大程度地缩减了网页体积,减少了下载时间。

4）JavaScript

JavaScript，是一种直译式脚本语言，也是一种动态类型、弱类型、基于原型的语言，是适应动态网页制作需要而诞生的一种新的编程语言，属于内置支持类型。它的解释器被称为 JavaScript 引擎，为浏览器的一部分，是广泛用于客户端的脚本语言。在 HTML 基础上，使用 JavaScript 可以开发交互式 Web 网页。JavaScript 的出现使得网页和用户之间实现了一种实时性的、动态的、交互性的关系，使网页包含更多活跃的元素和更加精彩的内容。JavaScript 可以直接嵌入 HTML 页面，但写成单独的 js 文件有利于结构和行为的分离。

一个完整的 JavaScript 由核心（ECMAScript）、文档对象模型（Document Object Model，DOM）、浏览器对象模型（Browser Object Model，BOM）三部分组成。ECMAScript 描述了该语言的语法和基本对象；DOM 描述了处理网页内容的方法和接口；BOM 描述了与浏览器进行交互的方法和接口。JavaScript 的主要功能有如下六点：

（1）嵌入动态文本于 HTML 页面；

（2）对浏览器事件作出响应；

（3）读写 HTML 元素；

（4）在数据被提交到服务器之前验证数据；

（5）检测访客的浏览器信息；

（6）控制 cookies，包括创建和修改等。

5）PHP

PHP（Hypertext Preprocessor），即"超文本预处理器"，是在服务器端执行的脚本语言，尤其适用于 Web 开发并可嵌入 HTML 中。PHP 语法学习了 C 语言，吸纳 Java 和 Perl 多个语言的特色，发展出自己的特色语法，并根据它们的长项持续改进提升自己。例如 Java 的面向对象编程，该语言当初创建的主要目标是让开发人员快速编写出优质的 Web 网站。PHP 同时支持面向对象和面向过程的开发，使用上非常灵活。PHP 语言作为一种高级语言，其特点是开源，它可以让很多接受过高等教育的初学者能很快接受并完成入门学习。总体来说，PHP 具有以下特点：

（1）开源免费

PHP 是一个受众广并且拥有众多开发者的开源软件项目，Linux + Nginx + MySQL + PHP 是它的经典安装部署方式，相关的软件全部都是开源免费的，所以使用 PHP 可以节约大量的正版授权费用。PHP 作为一个开源软件，它缺乏大型科技公司的支持背景，网络上对它的"唱衰"也是经久不衰，但它的持续迭代和性能持续增强的特点却是鼓舞人心的，特别是 PHP 社区用实际行动给予各种质疑强有力的回击。

（2）快捷高效

PHP 的内核是用 C 语言编写的，具有基础好、效率高等特点，可以用 C 语言开发高性能的扩展组件；PHP 的核心包含了超过 1000 个的内置函数，功能应有尽有，开箱即用程序代码简洁；PHP 数组支持动态扩容，支持以数字、字符串或者混合键名的关联数组，能大幅提高开发效率；PHP 是一门弱类型语言，程序编译通过率高，相对其他强类型语言开发效率快；PHP 天然热部署，在 php-fpm 运行模式下代码文件覆盖即完成热部署；PHP 经过 20 多年的发展，在互联网上可以搜到海量的参考资料供参考学习。

(3) 性能提升

PHP 版本越高,它的整体性能越高。PHP 拥有自己的核心开发团队,该团队保持五年发布一个大版本、一个月发布两个小版本的频率。

(4) 跨平台

每个平台都有对应的 PHP 解释器版本,指针对不同平台均编译出目标平台的二进制码(PHP 解释器),PHP 开发的程序可以不经修改在 Windows、Linux、Unix 等多个操作系统上运行。

(5) 常驻内存

php-cli 模式下可以实现程序常驻内存,各种变量和数据库连接都能长久保存在内存里实现资源复用。比较常用的做法是结合 swoole 组件编写 cli 框架。

(6) 页面生命周期

在 php-fpm 模式下,所有的变量都是页面级的,无论是全局变量还是类的静态成员,都会在页面执行完毕后被清空,并且对程序员水平要求低,占用内存非常少,特别适合中小型系统的开发。

2.3.3 数据库

随着大数据互联时代到来,越来越多数据产生,对这些数据进行管理有利于掌握行业规律,推动行业发展。我们将用来存储数据,并且能够表达数据之间关系的类似于仓库式的存储形态称作数据库。数据库中的数据可以长期保存,相较于传统意义的纸质保存,数据库能够存储海量的数据。除此以外,数据库支持多个用户共享数据,它有着更小的数据冗余度,有着严格的数据结构模型,梳理数据快捷迅速。数据库类型众多,包括层次数据库、网状数据库、关系型数据库和非关系型数据库。

数据库的选型是系统实现和数据管理的前提条件,数据库是存储数据的一种仓库,需要数据库提供存储、访问、创建、增删、复制等功能,所以希望数据的读取高效准确。鉴于现在的数据普遍属于多维度的大数据,这更加体现了数据管理的重要性。关系型数据管理系统的特点是把不同的数据分别存储在一些数据表中,在处理数据库中的数据时借助关联表的集合等数学方法来管理大量数据,它具有速度快、灵活性高的优点。

SQL Server 是一种关系型数据库。SQL Server 与 C#语言集成,利用 VS 开发环境,能够实现丰富且可视化的数据分析功能。SQL Server 的操作语言较为简单,没有复杂的逻辑性,操作起来更为灵活。开发的交通基础设施养护维护系统,需要将采集的工程状况性能数据进行存储,基于 SQL Server 数据库在 VS 中利用 C#语言进行开发,实现存储数据可视化管理。系统与数据库通过串口连接,能够很快地调用数据库中的数据,对工程状况数据进行查询、分析、预测等操作。同时,SQL Server 可以为地理信息系统提供创建数据库型数据源的载体,将地理空间数据存储进数据库中,系统后期开发可以便捷地调用存储到数据库中的地理信息数据。交通基础设施养护维护系统可以精细地分析不同道路检测路段、不同桥梁结构位置的状况变化,为后期的性能预测和养护决策提供数据支撑。

MySQL 也属于关系型数据管理系统,在 Web 应用方面属于最流行的应用软件之一。此外,MySQL 支持 Linux、Windows 和 MacOS 等多种操作系统,采用最常用的数据库语言 SQL 语句,可以有效提升数据查询效率,操作也更加方便,同时移植性和兼容性较好。MySQL 源码开放的特点也是它受欢迎的原因之一,MySQL 开发成本较低,不需要额外费用。MySQL 与 PHP 是目前最成熟和稳定的 Web 开发技术,它们的组合具有执行效率和安全性能高的特点。除成熟的架构和相对简便的开发方式以外,它们还具有很强的可扩展性,所以广受欢迎。

本章参考文献

[1] 许盛刚.北京铁路局客运管理信息系统架构研究[J].铁道运输与经济,2018,40(9):41-43,45,79.

[2] 闫娜,周卫,王芙蓉,等.城市交通市政规划管理信息系统设计与实现[J].测绘通报,2013(S1):254-257,275.

[3] 韩锐,周建军,周建云.基于 C/S 架构的铸造工艺 SQL Server 数据库系统设计[J].铸造技术,2017,38(9):2237-2239.

[4] 周廷美,贺卉娟,莫易敏.基于 B/S 的物料管理信息系统的研究[J].现代制造工程,2018,(2):24-28.

[5] 周菁.B/S 项目开发实战 HTML+CSS+jQuery+PHP[M].北京:人民邮电出版社,2018.

[6] 孟丽丽.基于 B/S 和 C/S 模式的海洋环境监测信息系统开发与研究[J].舰船科学技术,2016,38(8):82-84.

[7] 武国剑,姚跃传,潘晴情,等.基于 PHP&MySQL 的高校学生党员管理信息系统设计与实现[J].合肥工业大学学报(自然科学版),2012,35(11):1492-1495,1536.

[8] 祁新安,侯清江.SQL Server 数据库的运用研究[J].制造业自动化,2010(14):36-38.

[9] 吴庆州.管理信息系统[M].北京:北京理工大学出版社,2017.

[10] 王洪利.管理信息系统开发实务案例教程[M].南昌:江西高校出版社,2015.

[11] STEININGER D M, MIKALET P, PATELI A, et al. Dynamic capabilities in information systems research: a critical review, synthesis of current knowledge, and recommendations for future research[J]. Journal of the Association for Information Systems, 2022, 23(2): 447-490.

[12] ISMAGILOVA E, HUGHES L, DWIVEDI Y K, et al. Smart Cities: advances in research—an information systems perspective[J]. International Journal of Information Management, 2019, 47: 88-100.

中篇 技术篇

第3章 BIM+GIS融合技术

近年来,BIM和GIS融合技术为工程建设等行业的发展提供了巨大的助力。其中BIM为建设工程提供了完整施工周期信息,GIS则对工程周围环境信息进行了处理,两者微观与宏观结合,相辅相成,相互补充,为交通领域相关工程建设的智慧化发展奠定了坚实的基础。

3.1 BIM

3.1.1 BIM简介

1)BIM定义

BIM(Building Information Modeling)即建筑信息模型,其核心是通过建立虚拟的建筑工程三维模型,利用数字化技术,为这个模型提供完整的、与实际情况一致的建筑工程信息库。该信息库不仅包含描述建筑物构件的几何信息、专业属性及状态信息,还包含了非构件对象(如空间、运动行为)的状态信息。

根据中华人民共和国住房和城乡建设部(以下简称"住建部")于2016年12月2日发布的《建筑信息模型应用统一标准》(GB/T 51212—2016)对BIM的定义:BIM即建筑信息模型是在建设工程及设施全生命期内,对其物理和功能特性进行数字化表达,并依此设计、施工、运营的过程和结果的总称。

在《美国国家建筑信息模型标准(National Building Information Modeling Standard-United States)》中,则对BIM进行了如下阐述:

(1)BIM是设施(建设项目)物理和功能特性的数字表达;

(2)BIM是共享的知识资源,可以分享有关这个设施的信息,为该设施从概念形成到拆除的全生命周期中的所有决策提供可靠依据;

(3)在设施的不同阶段,不同利益相关方通过在BIM中插入、提取、更新和修改信息,以支持和反映其各自职责的协同作业。

由此,我们可以获知,用BIM进行设计属于数字化设计;BIM的数据库是动态变化的,在应用过程中不断在更新、丰富和充实;BIM 为项目参与各方提供了协同工作的平台。这个模型大大提高了建筑工程的信息集成化程度,为建筑工程项目的相关利益方提供了一个工程信息交换和共享的平台。

2)BIM 的基本特征

(1)可视化

可视化即"所见所得"的形式,对建筑行业来说,可视化技术在建筑行业的作用是非常大的。例如通常使用的施工图纸,只是各个构件的信息在图纸上的线条绘制表达,但是其真正的构造形式就需要建筑业从业人员自行想象,而 BIM 技术为施工提供了可视化的思路,将以往图纸上二维的线条式构件变成一种三维的立体实物图形展示在人们的面前。虽然建筑业也有设计方面的效果图,但是这种效果图不含有除构件的大小、位置和颜色以外的其他信息,缺少不同构件之间的互动性和反馈性。而 BIM 的可视化是一种同构件之间能够形成互动性和反馈性的可视化,由于整个过程都是可视化的,可视化的结果不仅可以用效果图展示及报表生成,更重要的是,项目设计、建造、运营过程中的沟通、讨论、决策都能在可视化的状态下进行,如图 3-1 所示。

图 3-1　道路三维 BIM 模型

(2)协调性

协调是建筑业中的重点内容,不管是施工单位、建设单位还是设计单位,都要在工作上相互协调、相互配合。一旦项目的实施过程中遇到了问题,就需将各有关人士组织起来开协调会,找各个施工问题发生的原因及解决办法,然后提出相应补救措施等来解决问题。在设计时,往往由于各专业设计师之间的沟通不到位,出现各种专业之间的碰撞问题,例如暖通等专业中的管道在进行布置时,由于施工图纸是各自绘制,在真正施工过程中,可能在布置管线时正好有结构设计的梁等构件在此阻碍管线的布置,像这样的碰撞问题就只能在问题出现之后再进行协调解决。BIM 的协调性服务就可以帮助处理这种问题,也就是说 BIM 建筑信息模型可在建筑物建造前期对各专业的碰撞问题进行协调,生成协调数据并分享出来。当然,BIM 的协调作用也并不是只能解决各专业间的碰撞问题,它还可以解决例如电梯井布置与其他设计布置及净空要求的协调、防火分区与其他设计布置的协调、地下排水布置与其他设计布置的协调等。

(3)模拟性

模拟性不仅能模拟设计出建筑物模型,还可以模拟不能够在真实世界中进行实操的事物。在设计阶段,BIM 可以对需要进行模拟的事物进行模拟实验,例如:节能模拟、紧急疏散模拟、日照模拟、热能传导模拟等。在招投标和施工阶段可以进行 4D 模拟(三维模型加项目的发展时间),也就是根据施工的组织设计模拟实际施工,从而确定合理的施工方案来指导施工。同时还可以进行 5D 模拟(基于 4D 模型加造价控制),从而实现成本控制。后期运营阶段可以模拟日常紧急情况的处理方式,例如地震人员逃生模拟及消防人员疏散模拟等。

(4)优化性

整个设计、施工、运营的过程是一个需要不断优化的过程,优化受三种因素的制约:信息、复杂程度和时间。没有准确的信息,做不出合理的优化,虽然优化和 BIM 也不存在实质性的必然联系,但在 BIM 的基础上可以更好地优化:BIM 模型提供了建筑物实际存在的信息,包括几何信息、物理信息、规则信息,还提供了建筑物变化以后的实际存在信息。复杂程度较高时,参与人员本身的能力无法掌握所有的信息,必须借助一定的科学技术和设备的帮助。现代建筑物的内外部结构大多十分复杂,复杂程度可能超出某些参与人员的能力极限,BIM 及与其配套的各种优化工具为复杂项目的优化提供了可能。

(5)可出图性

BIM 模型不仅能绘制常规的建筑设计图纸及构件加工的图纸,还能通过对建筑物进行可视化展示、协调、模拟、优化,出具各专业图纸及深化图纸,使工程表达更加详细。

3)BIM 的应用价值

目前,BIM 技术主要应用于工业建筑、民用建筑、市政工程、水利工程等领域。BIM 技术具有协调性、优化性、模拟性、可出图性、可视化等优点,既可以保证工程进度,又提高了工程质量,降低了施工成本,而且能够解决传统施工模式面临的结构复杂、涉及专业多、实施周期长、对各施工组织之间协调能力要求高等问题。将 BIM 技术与实际工程施工相结合,根据实际需求对 BIM 技术进行二次开发,对控制项目投资、提高管理效率与工程质量、减少返工和浪费等方面均起着积极作用。

4)BIM 的发展现状

(1)国外 BIM 的发展现状

20 世纪 70 年代,美国"BIM 之父"乔治亚理工大学的 Charles Eastman 教授提出了"Building Description System(建筑物计算机模拟系统)"的概念,为 BIM 概念的提出奠定了基础。20 世纪 80 年代,欧洲学者提出了"Product Information Models(产品信息模型)"系统;同一时期,美国学者 Robert Aish 在前人的基础上提出了"Building Modeling(建筑模型)"。1992 年,Gilles Nederveen 和 Frits Tolman 第一次提出了"Building Information Modeling(建筑信息模型)"的概念。到了 21 世纪,计算机信息技术得到空前发展,Autodesk、Bentley、Graphisoft 等建筑软件开发商为了跟上时代的步伐也相继开发了自己的 BIM 软件,才使得 BIM 逐渐被大家了解。

美国采用政府引导、市场依托的发展模式,大力发展 BIM 技术,目前相关技术水平位于世界领先行列。2007 年,美国国家建筑科学院编制了全世界第一部成体系的 BIM 标准——《美国国家建筑信息模型标准(National Building Information Modeling Standard-United States)》。在此基础上,美国国家建筑科学院又分别于 2012 年、2015 年,编制了该标准的第二版和第三版。

在亚洲国家,日本依托其发达的软件产业,走出了一条与其他国家不同的 BIM 发展道路。日本 BIM 软件的设计通常依靠自主研发,各专业对软件均采用开放式的态度,根据本土国情开发出了一批优秀的 BIM 软件。

在丹麦、瑞典、挪威和芬兰等北欧国家,政府在 BIM 的推广方面虽然没有过多强制性的要求,但依靠强有力的软件背景,如 Tekla 和 Solibri,大部分企业和设计公司更多的是自发地从传统的设计方式逐渐转化到使用 BIM 进行设计。以瑞典为例,BIM 的使用是从政府主导的大型项目上开始的。截至 2018 年,瑞典 95% 使用到 BIM 模型的工程项目,都是公司主动采用 BIM 来设计的。

（2）国内 BIM 的发展现状

BIM 的概念在 21 世纪初传入中国，2011 年，清华大学 BIM 课题组编写了《中国建筑信息模型标准框架研究》一书，为国内 BIM 行业的快速发展奠定了基础。同年，住建部发布了《2011—2015 年建筑业信息化发展纲要》文件，提出了在"十二五"规划期间，要基本建立起建筑工程企业信息化系统体系，并加快 BIM 技术在工程中的应用，同时推动信息化相关标准建设，促进具有自主知识产权软件的开发。2012 年，住建部发布了《关于印发〈2012 年工程建设标准规范制订修订计划〉的通知》，其中宣布了五部 BIM 相关标准的制定，目前已经全部开始实施。这一系列标准的实施，表明了中国的 BIM 行业开始正式向标准化的方向发展。

除了标准和理论方面的发展，实际工程中的应用也为 BIM 技术在中国的推广起到了重要的推动作用，其中最典型的应属 BIM 技术在上海中心大厦的应用，其利用已有的二维设计图纸和个别专业的三维设计图快速完成了整体项目 BIM 模型的创建，并将其应用于碰撞检查、深化设计、算量统计等方面。BIM 技术在上海中心大厦工程中的成功应用在国内引发了一阵 BIM 热潮，让从业者们意识到 BIM 技术确实是一项能够给行业带来革新的新工具。

相较而言，国外 BIM 技术起步较早，水平较高，各个国家的发展道路与技术侧重各不相同。国内 BIM 技术虽然起步较晚，但在政府推动与市场引导的作用下，近些年发展迅速，目前也达到较为先进的水平。

（3）BIM 的二次开发

现阶段 BIM 平台及相关软件虽然已经能够实现参数化设计、多专业协同、工程量统计等多项功能，但针对一些较为复杂和有特定需求的项目，仍需要对软件进行二次开发，其目的主要是简化建模流程、实现与其他软件的数据互通或其他个性化需求。近年来，研究人员通过对构建 BIM 的 Revit 软件进行二次开发并提取结构模型的关键信息，实现了基于 BIM 协同设计平台进行碰撞校核的功能。同时，研究人员通过使用 Revit API 中的 Family 类，实现了城市地下管网的高效建模和三维可视化。除此之外，也有实验通过将射频识别技术（RFID）引入 BIM 平台并利用 C#编程语言进行了二次开发，完成了 PC 端与 RFID 设备的信息对接，实现了预制构件状态信息的集成与可视化。在此基础上，我国研究人员使用 C#编程语言并基于 Revit API 接口开发了一套可以快速计算钢筋下料的插件，并结合改进遗传算法对钢筋下料问题进行了优化。这之后，相关人员基于 Dynamo 插件进行了二次开发，以北京冬奥会滑雪场为项目背景，解决了复杂参数化模型创建及异形钢筋模型创建的难题。建筑行业通过对 Rhino 平台的二次开发，在 BIM 平台中实现了对预制异形楼板的自动识别、拆分及深化设计。

3.1.2　BIM 与相关技术的融合

BIM 技术作为建筑信息模型，能储存建筑物的大量信息。以 BIM 技术为中心，以信息为载体，BIM 技术可以与其他的先进技术相结合用于建筑信息的获取、处理、应用和融合，常用的技术有物联网、云计算、大数据等，如图 3-2 所示。

1）BIM 与云计算

所谓云技术是指在广域网或局域网内将硬件、软件、网络等系列资源统一起来，实现数据的计算、储存、处理和共享的一种托管技术。而根据美国国家标准与技术研究院的定义，云计算(Cloud Computing)是分布式处理、并行处理和网格计算的发展，是一种利用互联网实现随时随地、按需、便捷地访问共享资源池的计算模式。基于云计算的分布式数据，可提高资源利用率，节省成本，实现分布式管理模式，适用于解决 BIM 应用中存在的多阶段、多专业、多参与方之间的数据共享问题。

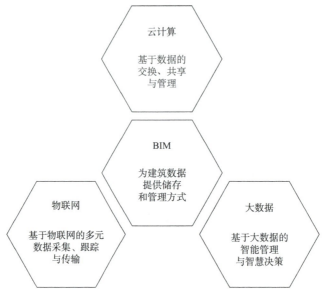

图 3-2　BIM 与相关技术的相互关系

(1) 理论研究

随着云计算技术的发展，该技术逐渐进入工程建设领域，并与 BIM 技术结合。相关研究人员通过专家访谈的形式，调研了基于云计算集成平台应用 BIM 的需求和前景问题，讨论了如何使用云计算 + BIM 进行信息交换，并对 BIM 云平台的优势和缺陷进行了探讨。之后一些学者探索了云计算 + BIM 在施工阶段的应用前景，认为云计算与 BIM 技术结合可以支持进度、质量安全、变更、商务等管理应用。还有学者研究了云计算 + BIM 在协同设计阶段的应用模式，认为云计算技术可以支持各专业之间的协同、实现可视化三维动态预览与渲染。

此外，还有学者对云计算 + BIM 的系统架构进行了研究，即如何在云计算环境下部署 BIM 应用环境，以满足多阶段、多专业、多参与方之间的信息共享，基本形成数据层、服务层、应用层的三层结构模型。在此之后的学者，多是参考上述模型或在其基础上进行细化或改进，以满足工程管理需求。例如：基于云计算的 BIM 服务平台，以 BigTable 和 MapReduce 作为信息存储与处理范式，通过基于网络的服务提供浏览、存储、分析大规模 BIM 等功能；基于云计算的 BIM 平台信息交换方法以及基于 MongoDB 的 NoSQL 数据库实现 IFC 格式数据的存储与共享；基于混合云计算架构的 BIM 数据共享机制，为多参与方多阶段 BIM 数据的共享与互用提供了解决方案；以及基于 PaaS 结构设计了隧道工程的生命周期管理平台。以上研究均致力于解决云计算环境下信息的存储、共享、传递等问题，从平台的角度对云计算 + BIM 的架构进行突破。

(2)工程应用

目前市场上已出现 BIM360、BIMx、OnumaSystem、广联云、鲁班云等云计算+BIM 产品,实现了云计算技术与 BIM 技术的集成应用。但由于这些产品提供的功能有限,目前应用云计算+BIM 的工程实例相对较少,大多需要基于市场上已有的平台进行定制开发,也有少数工程与研究机构合作,自行搭建云计算+BIM 平台。

在设计阶段,由于专业间协同工作大多发生在设计单位内部,故搭建简单的私有云即可实现多专业的协同设计。许多学者从本单位的实际工作出发,构建了基于云计算的 BIM 协同设计体系,探索了各专业的工作流程与模式,并基于一些实际工程的设计过程研究了该模式的优势。在施工阶段,一些项目基于 BIM5D、广联云等商业云平台,以 BIM 模型为基础,将工程项目的进度、成本、质量、安全、资源等信息相关联,利用云平台分布式存储的关联,对大规模、大范围、分散性强的多个工程项目进行综合性统一管控,在建筑工程、城市轨道交通和桥梁工程等领域都有应用案例。在运维阶段,一些研究人员将建筑能耗、结构监测信息通过云平台进行分布式采集与存储,从而克服海量数据存储困难、传输不便的缺陷,对安全、节能等指标进行动态管理。该技术在绿色建筑、绿色校园、桥梁监测等工程中已有应用案例。

2)BIM 与物联网

根据国际电信联盟的定义,物联网是通过二维码识别设备、射频识别装置、红外感应器、全球定位系统和激光扫描器等信息传感设备,按约定的协议,将物品与互联网相连接进行信息交换和通信,以实现智能化识别、定位、跟踪、监控和管理的网络。在工程建设项目中,通过布置传感器、二维码、电子标签等方式,可以实现对人、机、料、法、环的全方位实时监控。

(1)理论研究

虽然传感器等采集设备已在工程建设中被大量使用,但大多应用仅针对某一局部的特定需求,与真正的物联网存在一定差距,与 BIM 技术的融合应用就更加有限。早期,一些学者对物联网技术与 BIM 技术的融合方式及其应用前景进行了研究,一些学者对基于 BIM 的物联网技术在施工阶段和运维阶段的应用策略和价值进行了讨论与展望。后期,一些学者针对装配式住宅、地下综合管廊、地铁等具体的工程形式,研究了 BIM 与物联网技术融合应用的场景。

随着物联网技术不断火热,其与 BIM 融合应用的价值得到越来越多的认可。许多学者将 BIM 与物联网技术相结合,设计了相应的管理平台以满足实际工程的需求。针对施工阶段,研究人员设计了地下施工控制平台,集成应力变形传感器的结构安全数据与通过 RFID 技术获取的人员位置信息。针对运维阶段,相关人员设计了基于 BIM 和物联网的城市轨道机电工程管理的系统架构,可以通过移动终端与二维码等技术对机电设备进行管控;城市生命线工程运维管理平台,可以集成管道线路监测数据的实时管理;此外还有基于物联网和 BIM 的社区管理平台,助力智慧家庭和智慧物业的实现;以及集成实时环境与人员位置信息的通用架构与方法,将人的因素也收集到系统中。

以上研究逐步形成了物联网+BIM 系统的基本架构,即感知层、网络层、应用层的三层结构。各研究大都采用这种设计模式,根据应用场景的差异对应用层进行不同程度的扩展或细化。可以看出,以上研究从理论上探索了物联网技术与 BIM 技术融合的技术路线,为工程实际应用打下了基础。

（2）工程应用

近年来,越来越多的工程项目将物联网+BIM平台落地,在实际的工程项目中进行了应用,且应用主要集中在施工和运维阶段。

在施工阶段,已有许多工程通过对所有钢构件进行统一编码,并利用二维码技术进行现场定位,通过移动端扫码填报信息的方式,集成到BIM平台中进行统一管控,可视化查询不同构件的施工状态,该技术在建筑、桥梁工程项目中都已有落地应用;也有一些工程通过RFID射频技术实时对预制化构件进行定位,并传输到BIM平台中进行监控,结合虚拟现实（Virtual Reality,VR）技术可以更加直观地对施工项目的进度进行远程管理;此外,也有项目通过物联网技术对施工现场的有害气体进行集成监控,保证施工安全。

在运维阶段,通过应用传感设备对建筑机电设备进行实时监测,并将其与BIM模型中的设备进行绑定,从而在BIM平台中可以进行动态可视化查询与管理。运维阶段对建筑能耗的监测是研究热点,通过传感采集设备对能耗、环境信息进行监测,并与相应的建筑空间进行绑定,可以实时对建筑能耗进行管理,并可进一步结合大数据等技术进行优化。

3）BIM与大数据

早在20世纪80年代,美国未来学家阿尔文·托夫勒在著作《第三次浪潮》中指出了大数据时代的到来,2018年Nature推出了名为"Big Data"的封面专栏,正式提出大数据这一概念。国际数据中心于2011年将其定义为"大数据是指无法在一定时间内用传统数据库软件工具对其内容进行抓取、管理和处理的数据集合",即由数据量（Volume）、时效性（Velocity）、多样性（Variety）、价值密度低（Value）组成的4V模型。在土木工程领域,一个建设项目全过程产生的数据完全符合大数据的条件。随着建设工程体量、复杂程度的增加,其过程中会产生海量数据,大数据技术即为挖掘信息、辅助决策的关键性技术。一般认为,大数据处理需要经过大数据的产生、获取、存储、分析四个环节。

（1）理论研究

大数据的存储与管理是大数据应用的基础,所有的大数据处理平台都依赖于数据的大量积累。目前,大数据存储数据库可以分为关系型数据库与非关系型数据库。随着数据量的增加,传统关系型数据库的存储方式显现出容量受限难以突破、查询效率不足等限制。虽然使用NoSQL数据库对大规模BIM进行存储具有显著的优势,但相关应用较少,其原因之一是BIM的数据结构与一般NoSQL数据库不完全一致。为解决此问题,一些研究人员通过Cassandra数据库实现对BIM模型的存储,并在此基础上实现了子模型的提取;还有一些人使用MongoDB存储BIM数据,根据IFC的标准数据格式设计了适合大规模存储的数据模型;此外还有学者提出了一种将BIM存储在OrientDB中的数据模型,并在此基础上提出标准化BIMRL查询语言对BIM数据进行查询的方法。

除BIM模型本身,大量工程数据也需要通过建立逻辑模型收集与表示。相关人员曾提出了一种Social-BIM架构,主要是基于亚马逊云收集和存储从不同的参与方收集而来的数据。还有研究人员设计了一种积累建筑传感器数据的双层混合式存储结构,使用Cassandra数据库实时存储传感器产生的流数据,用MongoDB收集存储数据并为之后的处理提供基础,二者每日进行一次同步。

目前,在 BIM 大数据的处理框架上,大多数采用 MapReduce 框架。一些学者通过对 HadoopMapReduce 框架进行改进,使其更加适宜处理 BIM 数据。此外,也有学者采用 MapReduce 框架,基于自然语言理解,提出了其他高效处理 BIM 数据查询的方法与架构。

(2) 工程应用

在早期,通常采用统计学手段对建筑数据进行抽样分析研究。例如:通过频率分布直方图、相关性分析矩阵、因素分析法,识别常见施工工期拖延的原因;通过关联分析和二维矩阵分析的手段,从施工验收报告中总结出常见的质量缺陷等问题;还有使用高斯分布的概率模型进行蒙特卡洛模拟,以此获得对建筑损伤评价的指标与方法。

随着建筑大数据的积累和相关研究的发展,研究人员希望充分发挥已有数据的价值,挖掘隐含在其中的信息。应运而生的技术就是数据挖掘与机器学习,其中数据仓库技术的出现,为高效的数据挖掘提供了技术基础,包含决策树分析法等。随着大数据技术的不断发展,数据挖掘和机器学习的相关算法被推广到海量数据的处理中,所能解决问题的范围也得到了扩展。

利用回归分析,可以根据一系列的属性、特征、指标,对某一结果进行预测,人工神经网络是目前处理回归预测最常用的算法。此外,通过遗传算法对现有状况进行预测和优化也是大数据分析的一个研究方向。

分类算法可以依据已有数据,确定目标对象属于哪一个预定的类型,对目标的性质进行自动判断,支持向量机、决策树是解决分类问题最常用的手段。例如:可以采用决策树的方法对建筑运维数据中的用电、用水数据进行分类,确定在不同情况下的若干用电特征;通过分析建筑本身结构、材料的性质,结合应力应变监测数据,运用决策树方法判断霉菌等微生物生长对建筑物的影响情况;此外还有研究人员通过对建筑施工过程中产生的文本进行分析,对文档进行分类处理,辅助非结构化文档的归档管理。

3.2 GIS

3.2.1 GIS 简介

1) GIS 定义

1967 年,罗杰·汤姆林森博士开发了一个用于存储与分析关于土壤、农业、野生动物、水禽、林业和土地利用的地理信息的系统。这个系统被称为加拿大地理信息系统(CGIS),也是世界上第一个真正意义上的地理信息系统。

地理信息系统(Geographic Information System 或 Geo-Information System,GIS)有时又称为"地学信息系统"。它是一种特定的、十分重要的空间信息系统。它是在计算机硬、软件系统支持下,对整个或部分地球表层(包括大气层)空间中的有关地理分布数据进行采集、储存、管理、运算、分析、显示和描述的技术系统,是用于输入、存储、查询、分析和显示地理数据的计算机系统。同时,地理信息系统也是一门结合地理学、地图学及遥感的综合性学科,如今已经广泛地应用在不同的领域。

随着 GIS 的发展,GIS 也被称为"地理信息科学"(Geographic Information Science,GIS)或"地理信息服务"(Geographic Information Service,GIS)。GIS 是一种基于计算机的工具,它可以对空间信息进行分析和处理,简而言之,可对地球上存在的现象和发生的事件进行成图和分析。GIS 技术把地图这种独特的视觉化效果和地理分析功能与一般的数据库操作(例如查询和统计分析等)集成在一起。

"GIS"中的"S"的含义包含四层意思:

一是系统(System),是从技术层面的角度论述地理信息系统,即面向区域、资源、环境等规划、管理和分析,是指处理地理数据的计算机技术系统,但更强调其对地理数据的管理和分析能力。地理信息系统从技术层面意味着帮助构建一个地理信息系统工具,例如:给现有地理信息系统增加新的功能,或开发一个新的地理信息系统,或利用现有地理信息系统工具解决一定的问题。一个地理信息系统项目可能包括以下几个阶段:定义一个问题、获取软件或硬件、采集与获取数据、建立数据库、实施分析、解释和展示结果。地理信息系统技术(Geographic Information Technologies)是指收集与处理地理信息的技术,包括全球定位系统(GPS)、遥感(RS)和 GIS。从这个含义看,GIS 包含两大任务:空间数据处理和应用开发。

二是科学(Science),是广义上的地理信息系统,常称之为地理信息科学,是一个具有理论和技术的科学体系,意味着研究存在于 GIS 和其他地理信息技术后面的理论与观念。

三是服务(Service),随着遥感等信息技术、互联网技术、计算机技术等的应用和普及,地理信息系统已经从单纯的技术型和研究型逐步向地理信息服务层面转移,如导航需求催生了导航 GIS 的诞生,著名的搜索引擎 Google 也增加了 Google Earth 功能,GIS 成为人们日常生活中的一部分。当同时论述 GIS 技术、GIS 科学或 GIS 服务时,为避免混淆,一般用 GIS 表示技术,GIScience 或 GISci 表示地理信息科学,GIService 或 GISer 表示地理信息服务。

四是研究(Studies),即 Geographic Information Studies,研究有关地理信息技术引起的社会问题,如法律问题、私人或机密问题、地理信息的经济学问题等。

因此,地理信息系统是一种专门用于采集、存储、管理、分析和表达空间数据的信息系统,它既是表达、模拟现实空间世界和进行空间数据处理分析的"工具",也可看作是人们用于解决空间问题的"资源",同时还是一门关于空间信息处理分析的"科学技术"。

现阶段,GIS 技术主要应用软件包括:ArcGIS、MapGIS、SuperMap、ConverseEarth、Erdas、Envi、AutoCAD 等,其中,Esri 公司的 ArcGIS 应用最为广泛。

2)GIS 的组成与功能

GIS 的组成可以分为以下五部分:

(1)人员,是 GIS 中最重要的组成部分。开发人员必须定义 GIS 中被执行的各种任务,开发处理程序。熟练的操作人员通常可以克服 GIS 软件功能的不足,但是如果操作人员对 GIS 软件不够熟悉,GIS 软件的功能就不能很好地发挥出来。

(2) 数据,精确、可用的数据可以影响到查询和分析的结果。

(3) 硬件,硬件的性能会影响到数据的处理速度、使用的便利性及数据的输出方式。

(4) 软件,不仅包含 GIS 软件,还包括各种数据库,绘图、统计、影像处理及其他程序。

(5) 过程,为确保结果的正确性和可验证性,GIS 在处理数据时需要有清晰的定义,在操作和分析过程中使用的方法需要一致。

GIS 属于信息系统的一类,与其他信息系统的不同在于它能编辑和处理地理参照数据。地理参照数据描述地球表面(包括大气层和较浅的地表)空间要素的位置和属性,在 GIS 中存在两种地理数据成分:①空间数据,与空间要素几何特性有关;②属性数据,提供空间要素的信息。

地理信息系统(GIS)与全球定位系统(GPS)和遥感系统(RS)合称 3S 系统,是一种具有信息系统空间专业形式的数据管理系统。从严格的意义上讲,这是一个具有集中、存储、操作和显示地理参考信息的计算机系统。

GIS 不仅能够应用于科学调查、资源管理、财产管理、发展规划、绘图和路线规划等多个方面,在农业、天文学、建筑学以及交通运输等许多领域也都有广泛应用。

具体而言,GIS 的功能主要包括以下五个方面:

(1) 数据编辑与处理功能

数据编辑主要包括属性数据编辑和图形数据编辑。属性数据编辑主要与数据库管理结合在一起完成,图形数据编辑主要包括拓扑关系建立、图形编辑、图形整饰、图幅拼接、图形变换、投影变换、误差校正等功能。

(2) 数据采集和输入功能

采集的数据主要包含空间数据和属性数据,GIS 主要提供这两类数据的输入功能。空间数据的表达可以采用栅格和矢量两种形式。空间数据表现了地理空间实体的位置、大小、形状、方向以及几何拓扑关系,其输入方式有数字扫描仪、键盘、商业数据、数字拷贝等。属性数据输入方式主要有键盘输入、数据库获取、存储介质获取等方式。

(3) 数据的组织与管理

数据的有效组织与管理是 GIS 系统应用成功的关键,GIS 主要提供空间与非空间数据的存储、查询检索、修改和更新的能力。矢量数据结构、光栅数据结构、矢栅一体化数据结构是存储 GIS 的主要数据结构。数据结构的选择在一定程度上决定了系统能执行的功能。数据结构确定后,在空间数据的存储与管理中,关键是确定应用系统空间数据与属性数据库的结构及空间数据与属性数据的连接。目前广泛使用的 GIS 软件大多数采用空间分区、专题分层的数据组织方法,用 GIS 管理空间数据,用关系数据库管理属性数据。

(4) 空间查询与分析功能

空间查询与分析是 GIS 的核心,是 GIS 最重要和最具有魅力的功能,也是 GIS 有别于其他信息系统的本质特征。地理信息系统的空间分析可分为三个层次的内容:空间检索,包括从空间位置检索空间物体及其属性,从属性条件检索空间物体;空间拓扑叠加分析,如空间的特征(点、线、面或图像)的相交、相减、合并等,以及特征属性在空间上的连接;空间模型分析,如数字地形高程分析、BUFFER 分析、网络分析、三维模型分析、多要素综合分析及面向专业应用的各种特殊模型分析等。

(5)可视化表达与输出

中间处理过程和最终结果的可视化表达是 GIS 的重要功能之一。通常以人机交互的方式来选择显示的对象与形式,对于图形数据,根据要素的信息密集程度,可选择放大或缩小显示。GIS 不仅可以输出全要素地图,也可以根据用户需要,分层输出各种专题图、各类统计图、图标及数据等,如图 3-3 所示。

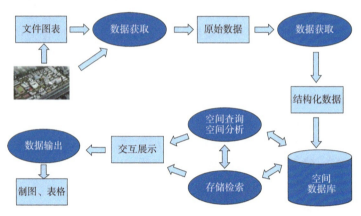

图 3-3　GIS 功能实现过程

除上述五大功能外,GIS 还有用户接口模块这一重要功能。该功能主要用于接收用户的指令、程序或数据,是用户和系统交互的工具,主要包括用户界面、程序接口与数据接口。由于地理信息系统功能复杂,且用户又往往为非计算机专业人员,所以用户界面是地理信息系统应用的主要组成部分,使地理信息系统成为人机交互的开放式系统。

3)GIS 的特点与分类

(1)开放性

GIS 具有开放式环境及很强的可扩充性和可连接性。GIS 技术支持多种数据库管理系统,例如 ORACLE、SYBASE、SQLSERVER 等大型数据库;运行多种编程语言和开发工具;支持各类操作系统平台;为各应用系统,如 SCADA、EMS、CRM、ERP、MIS、OA 等提供标准化接口;可嵌入非专用编程环境。

(2)先进性

GIS 平台采用与世界同步的计算机图形技术、数据库技术、网络技术以及地理信息处理技术。系统设计采用目前最新技术,支持远程数据和图纸查询,利用系统提供的强大图表输出功能,可以直接打印地图、统计报表、各类数据等。系统具有可分层控制图纸、无级缩放、支持漫游、直接选择定位等功能。系统具备完善的测量工具,现场勘查数据,线路杆塔等设备的初步设计,并可直接进行线路设备迁移与相关计算等,实现线路辅助设计与设备档案修改。具有线路的方位或区域分析判断功能,为用户提供可靠的辅助决策,综合统计分析,为管理决策人员提供依据。特别是把可视化技术和移动办公技术纳入 GIS 系统的总体设计范围。地图精度高,省级地图的比例尺达到 1∶10000 或 1∶5000,市级地图比例尺达到 1∶1000 或 1∶500,地图能分层显示山川、水系、道路、建筑物、行政区域等。

(3) 发展性

GIS 具有很强的可扩充性和可连接性。在应用开发过程中,考虑系统成功后进一步发展,包括维护性扩展功能和与其他应用系统的衔接与整合的方便。开发工具一般采用 J2EE、XML 等。

如果对 GIS 产品进行分类,按照功能划分可分为:专题地理信息系统(Thematic GIS)、区域地理信息系统(Regional GIS)、地理信息系统工具(GIS Tools);按照内容可分为:城市信息系统、自然资源查询信息系统、规划与评估信息系统、土地管理信息系统等。

4) GIS 的发展历程

21 世纪以来,GIS 软件技术在城市及交通数字化以及政府与企业信息化等方面扮演着越来越重要的角色。回顾中国 GIS 基础软件 30 余年的发展历程,以十年为界,可大致归纳为以下四个阶段:

第一阶段(1987—1997 年)。1987 年,PURSIS(Peking University Remote Sensing Information System)诞生,这是公认的中国 GIS 软件的起点,随后涌现出一大批 GIS 软件。在此期间,GIS 软件形态从早期的命令行形态,逐渐演化为相对更易用的桌面 GIS 形态。

第二阶段(1997—2007 年)。在这个阶段,组件式软件技术和互联网技术飞速发展,成为当时软件技术的新潮流。结合这两项技术,组件式 GIS 和 WebGIS 应运而生,这给整个 GIS 技术体系和应用模式带来巨大影响,并成为 GIS 软件技术的重要支撑。随着地理空间数据越来越丰富,数据量越来越大,单机文件方式已经无法满足应用需求,空间数据库技术由此诞生,在数据库中实现了空间数据的存储和管理。

第三阶段(2007—2017 年)。由于客户的需求重心从客户端转向了服务端,移动互联网进一步拓展了移动端的需求,GIS 的应用也从室外扩展到了室内,从宏观拓展到了微观,这些需求和变化,促进了跨平台 GIS 和新一代三维 GIS 的发展。同时这个阶段也是数据爆炸的阶段,这对 GIS 在多源异构数据管理及噪声数据处理等方面提出了诸多挑战。云 GIS、大数据 GIS 也在此背景下出现,改变了传统 GIS 应用的模式和方法,满足了海量空间数据的存储和分析等需求,从而达到提高 GIS 服务性能、节约计算资源的目的。

第四阶段(2017 年至今)。中国 GIS 软件发展进入第 4 个十年,在数字化转型飞速发展的背景下,亟须提高 GIS 基础软件的数据处理效率和智能化水平。利用边缘计算、云原生等技术,解决 GIS 在性能、稳定性等方面的问题;并将人工智能逐渐应用于地理信息领域,替代了传统建模中基于领域知识人为设计特征的方式,提升了地理信息提取和特征理解能力;并通过空间区块链技术的应用打造安全、可信的空间数据库。随着地理信息科学理论的发展和信息技术的不断创新,未来 GIS 软件技术还将持续进步,如图 3-4 所示。

图 3-4 中国 GIS 技术发展的四个阶段

3.2.2　GIS 相关技术在交通行业的应用

1) GIS 与城市道路规划

以前在落实城市道路规划设计与管理工作时,主要依靠人工手动操作完成相应的工作内容,所以除了需要对前期测绘所得的各项地理数据信息做出分析以外,还要将此作为基础对地理数据信息进行处理、再加工、分类整理等操作,进而将相应的结果以图表的形式展示出来。在城市道路规划设计与管理中涉及数据信息处理的环节,会因为人工手动操作而产生误差,所以人工制图很难保证城市道路规划设计方案的精准性、实效性。

自从 GIS 被应用在城市道路规划管理工作中后,城市道路规划管理工作的效率和精准性得到了极大的提升,通过大数据管理平台的创建,可以更好地完成地理数据信息的保存工作,为城市建设质量的提高提供保障。例如,在应用 GIS 对道路进行拓宽处理时,会通过整合分析道路数据信息,对所需改建的道路及周围建筑设施进行数字化处理。同时,会通过添加建筑物属性表的行和列,设置增加交通规划中所需各类建筑的有关参数信息,这些数据信息有助于对规划设计进行更为合理地决策。其中,GIS 在城市道路规划管理中的应用价值主要体现在以下几个方面:

(1) 探查空间数据

GIS 能够收集、存储、管理和分析各种城市道路数据,以利用 GIS 创建的城市道路数据库为基础,可以快速查询和分析所需空间数据,保证城市道路规划管理工作的有效开展。在利用 GIS 创建数据信息库时,可选用分离处理方式,其能够将原始图形全部展示出来,达到较好的还原效果。

(2) 数据可视化展示

在利用 GIS 进行城市规划管理时,可以将各类城市空间数据以直观的方式展现出来。GIS 提供了多种可视化方法和工具,可以将分析结果以地图、图表、3D 模型等形式进行可视化展示。例如地图可以通过添加符号、标签、颜色等方式来代表不同特征或属性,图表可以通过柱状图、折线图、饼图等来展示数据的分布和趋势,3D 模型可以将城市空间数据以立体化的形式进行展示。

(3) 仿真模拟地理信息

GIS 的应用能够在城市道路规划设计与管理工作中仿真模拟实际情况,便于及时发现问题,选用针对性强的措施快速处理相应的问题,为地理测绘结果的精准性打好基础。

2) GIS 与公路设计

辅助公路选线的 GIS 所需的数据主要包括:与路线方案有关的规划、计划、统计资料及地质、水文、气象资料和各种比例尺的地形图、地质图,根据这些信息,GIS 可以生成数字地形模型(DTM),帮助设计者宏观地认识整个沿线地区;综合地分析评价各个因素对路线选择的影响程度;根据公路设计技术标准的要求,分析出控制点,以人机交互的方式选择合适的路线,并显示在 DTM 上。GIS 支持下的公路选线流程如图 3-5 所示。

(1) GIS 用于公路路线平面设计

受地形、地物限制是路线设计中常遇到的情况,当地形和地物限制较大时,往往要经过多次的试算比较,才能确定出合适的路线。例如,当弯道受一定限制时,可以先选择一个通过点,反算出半径,再据此半径算出圆曲线上各点坐标。当这条圆曲线与其他地形和地物相切或相交时,就重新选择一个通过点;当实在不能适应地形时,可考虑改用复曲线。复曲线一般要先定出受地形限制较严的一侧曲线半径,然后再根据切线差算出另一侧曲线的半径,当两半径之比超过1.5时,应在两圆曲线之间插入缓和曲线,构成卵形曲线。在此过程中可以选择多种半径进行试算。

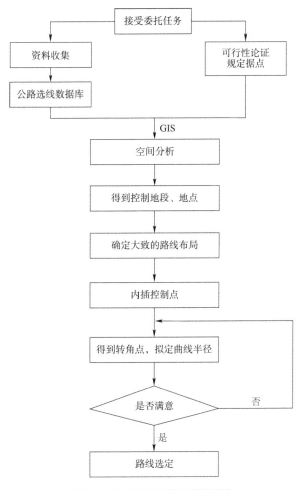

图3-5 GIS支持下公路选线流程图

采用传统设计方法,所需平面设计计算工作时间是很长的。采用GIS技术,在计算机支持下,各曲线要素能够被迅速计算出来,并通过计算机显示在屏幕上,供人们观察。此外,还可提供选定的平面方案对应的纵、横断面信息,输出纵、横断面地面线略图,将多组参数下的图案同时显示或输出,供设计人员比较分析,以选定最佳方案。

(2)GIS用于公路路线纵断面设计

用GIS辅助纵断面设计时,根据公路平曲线各点的坐标,可以内插出各点的高程,从而获得现状纵断面。设计人员可使用人机交互设备,在屏幕上进行拉坡处理。计算机根据变坡点信息和设计要求,计算出竖曲线要素,并显示出来。设计人员据此进行修改,直至满意。同时,计算机能计算出当前纵断面方案中对应的土石方累积曲线,供设计人员参考。

(3)GIS用于公路路线横断面设计

横断面设计主要是在绘出横向地面线后,根据纵断面设计确定的路基填挖高度、路基宽度、边坡坡度、边沟尺寸绘出路基的外廓线。横断面设计的工作量在整个公路设计量中占很大比例,且重复工作量大,采用GIS辅助设计后,可以大大提高工作效率。

其基本工作方式为:将横断面地面线数据通过数字化输入或根据平纵设计结果由GIS自动产生;设计人员根据设计要求和各路段的具体情况定义各段的标准设计断面,计算机据此自动设计;在自动设计完成后,横断面显示在屏幕上,设计人员逐个进行检查,对不合理的设计进行修改。

(4)GIS在公路路线设计其他方面的应用

试验研究表明,GIS除了在公路路线初步设计中有所作为,在公路路线设计的其他方面也发挥了许多作用。

GIS可以实现地理坐标与传统桩号坐标的相互转换,既保证了计算的精确,又符合工程、管理人员的习惯。用GIS来计算路线长度、确定里程桩位置、处理断链等问题是十分方便的。此外,GIS还可应用于工程量的估算。

3)GIS与智慧工地

智慧工地与GIS技术相结合实现了对企业所管辖的各项目部的智慧工地进行管控,以及企业内部各部门所负责的智慧工地各板块间的组织和协调。在各项目部智慧平台感知数据的基础上,结合数据挖掘等技术,实现安全质量管理、进度管理、合同(投资)管理、扬尘监测、视频监控等功能。

(1)安全质量管理

安全质量管理,主要包括对各项目部上报的安全质量问题进行收集以及对这些问题进行检查和监督。该功能旨在通过对安全质量问题进行精细化管理,实现对各工地安全情况的整体把控,辅助各项目部进行安全考核。此外,安全质量管理功能可借助安全质量问题详情查看、更新管理、相关查询、统计分析等模块进行安全质量事件分析,帮助施工人员根据分析结果采取相应措施,以此实现减少安全质量事故和提高安全生产能力的目的。

(2)进度管理

进度管理在各项目部进度计划的基础上,对各项目部项目进度计划整体管控,主要包括详情查看、进度执行、项目进度预警等功能。项目执行过程中产生的实际数据,比对项目计划中设定的计划值和预警参数,符合预警要求时生成预警信息,并推送给相关人员。以节点的实际开始、结束时间,比对计划开始、结束时间,超出预警设置后生成进度预警。

此外,进行进度管理也要重视组织与协调,主要是对各工地人员、材料、设备进行组织协调,实现各种资源的合理化利用。

(3)合同(投资)管理

对企业合同(投资)信息进行综合管理,包括合同信息查看、更新管理及查询统计等功能。对合同(投资)信息可以进行按时间、合同金额、合同状态(未实施、实施中、已完成)的查询统计,结果以图和表的形式表示,并支持查询统计结果的输出。

(4)扬尘监测

扬尘监测系统在各项目部扬尘监测数据的基础上,实现管理者对各项目部扬尘状况的整体把控,支持对各项目部前端污染源的实时监控、在线预警、对历史监测数据的查询统计、报表分析等功能。通过物联网和云计算功能,将采集到的工地空气数据整合在 Web 端,形成满足各个管理层需求的图文报表。与噪声监控类似,"工地文明施工管理系统"提供扬尘实时监控的动态信息表,动态表会优先显示 TSP(总悬浮颗粒物指标)指数高的工地,当工地每固定时间范围平均 PM(颗粒物)数值或 TSP 数值超过设定后,系统自动向相关环保部门发出报警。自动统计小时均值,自动生成并存储统计报表和图,可以生成各工地日报表、月报表、季报表和年报表,包括均值、最大值、最小值、超标率和超标倍数等内容。当颗粒物浓度超过设定值时,根据设定的报警限值,系统会自动发出小时或日均值超限报警提示。

(5)视频监控

通过视频监控,可以实现对所有工地监测位置的远程把控。借助视频监控设备列表,可以进行现场监控位置的查看,实现对工地及周边实时监控,主要包括视频查看、图像存储、抓图功能、录像回放、多功能显示、报警联动、设备管理等功能。终端系统可获得该用户在中心配置的相关访问权限(模块权限、通道权限)及中心配置的设备列表。用户可在权限范围内,访问指定设备的远程视频情况,并可对其进行云镜控制。

3.3 BIM+GIS 融合技术在公路工程智慧工地的应用

3.3.1 BIM+GIS 融合技术的目的与难点

1)技术融合目的

(1)宏观与微观结合

BIM 与 GIS 涉及的范围不同。前者主要用来对城市建筑物的整体信息进行存储、分析、管理,但宏观建模的能力稍显不足,无法满足大范围地形数据的整合与处理;后者则主要用于地理空间信息的宏观表达,可存储和处理海量地形数据,但缺乏对建筑模型内部精细化创建与处理的能力。BIM 与 GIS 各有优劣,不存在一方替代另一方的可能,二者互补,在公路智能化乃至智慧城市的发展中,需要二者融合。所以,利用 BIM 技术整合、处理建筑物本身全阶段信息,同时利用 GIS 对建筑外部环境信息进行补充、管理。通过研究两者格式、资料等方面的差异,建立可以将微观领域的 BIM 信息与宏观领域的 GIS 信息相互交换、集成与融合的概念和方法,有助于实现从选线设计到养护的公路全生命周期智能建造。

(2)实现集成应用

公路系统是一个庞大复杂的综合系统,包含的信息量巨大,在建设过程中如何实现各方协同管理是关键所在,两种技术的融合可以有效解决这类问题。在既有的设计及施工建设管理阶段,已经能够通过 BIM+GIS 融合技术获取、整理、筛分出设计、施工两阶段的结构化工程数据。在运营养护阶段,可以通过物联网平台监控多种数据变化,结合 BIM + GIS 融合技术快速联动数据。基于 BIM + GIS 融合技术、卫星技术和相关基础数据的支持,首先收集地形和影像数据,并对其进行三维分析;然后将相关构筑物监控数据也整合进来,对三维数据以及构筑物数据进行汇总分析;最后获得了特定工程点或结构的全方位数据,并将其实时呈现在直观的 BIM 三维模型中,形成融合地面监测 + 卫星跟踪 + 数据综合分析的完整数字模型评价体系。在此基础上,利用大数据和人工智能技术,可以提前识别和处理潜在的问题,从而提高工程项目管养部门的预防和应对能力。BIM + GIS 道路施工管理系统,如图 3-6 所示。

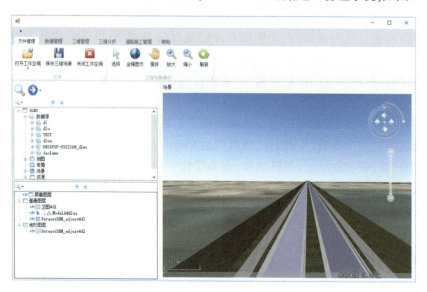

图 3-6　BIM + GIS 道路施工管理系统

2) 技术融合难点

(1) 标准体系不完善,数据融合存在壁垒

目前只有建筑行业出台了 BIM 及 GIS 的相关国家标准,但仍不完善,其他专业领域尚未出台 BIM 或 GIS 标准,而且两者使用的数据模型和标准完全不同,对模型信息的表达形式、适用范围等存在一定的差异。同时,不同的软件生成的文件在空间参考、网格划分、信息处理与转换中也会存在冲突,严重时会导致数据源损坏或丢失。因此,必须解决数据沟通的技术问题,建立完善的融合标准体系,才能从根本上实现多源数据的集成应用。

(2) 政策法规不完善,关键技术亟待突破

目前国内外还未建立关于 BIM + GIS 集成应用的政策法规,导致此类项目应用良莠不齐,缺少体系指导;同时,国内 BIM 和 GIS 的应用以翻模为主,如何将工程信息从设计传递到施工、运维阶段,仍然缺少相应的标准,现阶段也还没有合适的平台和工具进行施工及运维信息的添加和集成。国内缺乏成熟的 BIM + GIS 集成设计软件,国外相关软件也存在国内外设计标准不一致以及政策限制的问题。

3.3.2　BIM + GIS 融合技术的关键

BIM + GIS 的集成与融合,主要包含数据、模型、应用、系统几个方面,融合的关键技术主

要包括数据对接、多坐标系统数据融合、BIM 模型的轻量化等。

1) 数据对接

构建 BIM 模型的主流设计软件包括：Civil3D、Revit、Bentley、CATIA；GIS 软件包括：ArcGIS、SuperMap 等。这些软件各自可识别的数据格式都有特殊定义，数据之间虽然可以通过一些工具进行转换，但往往转换效果和效率不甚理想。数据转换过程中，往往会出现模型和信息分离，材质、颜色信息丢失，转换效率低下，无法适应工程应用等问题。但通过二次开发，既可以最大程度保留 BIM 数据实例化的特点、拓扑完整性及闭合性，还能提升数据在三维 GIS 平台中展示的性能，达到多细节层次水平。其中，拓扑闭合的三维对象，必须满足空间运算、空间关系查询、空间分析、与地形数据进行布尔运算等。BIM + GIS 系统的数据管理如图 3-7 所示。

图 3-7　BIM + GIS 道路施工管理系统的数据管理

2) 多坐标系统数据融合

在实际的路线、路基设计和结构物设计过程中，往往无法保证坐标系的统一，为了能够在 GIS 中达到在同一坐标系下展示的效果，需要进行坐标系的转换。解决该问题首先要对坐标系信息进行统一管理。工程中所包含的全部路线、路基、结构物都应该包含相应的坐标系信息，以及各自在该坐标系下的对应坐标。在模型进入到 GIS 之前，必须将模型的坐标转换到统一的标准坐标系下。

3) BIM 模型的轻量化

BIM 模型的最终表现形式多为可视化的多维度、多层次、多功能、多应用的计算机图形模型，是一个基于大数据的巨型平台模型。这些模型包含的数据量都是百兆或千兆数量级的。一个包含 100km 路线范围的 BIM 模型的数据量更是大于 200GB。同时，BIM 应用需要协同工作，将模型集成到 GIS 平台让工程各参与方都在线进行模型查看和业务处理，就需要对模型进行轻量化处理。针对公路工程的实际需求，精简模型中没有必要的信息，让传递到

GIS 软件的信息技能最大限度满足工程各方的需求,又能够让信息尽量精简。一般通过编写设计软件插件的方法,将数据进行定制采集,传递到 GIS 中去。

3.3.3　BIM+GIS 融合技术在公路工程智慧工地的应用探索

公路工程建设项目规模逐步增大、技术工艺日趋复杂,工程管理难度也逐渐增加。因其从设计施工到运维管养,中间大部分环节都存在大量的模糊地带,很多从业者都表示,交通工程是一项"粗放型"工程,历来存在各种各样的管理问题。由于 BIM、GIS 技术具有可视化、地理信息与空间数据分析等优势,BIM+GIS 融合技术为公路工程智慧施工过程管理提供了一种全新的数字化、可视化、精准化的管理工具,可助力公路工程建设由传统微观管理方式向现代化、智能化、宏观化转变。

1)公路工程智慧工地管理需求

(1)工程管理信息化需求

施工管理水平的提升离不开信息化手段,信息化综合管理技术的运用可以有效改善传统管理办法的信息滞后、效率较低等弊端。基于 BIM+GIS 融合技术,应用信息化管理平台技术,构建 BIM 模型、GIS 模型、采集施工过程产生的相关数据等,通过三维模型分析、简单地形分析、空间查询、数据分析等信息化管理手段,助力公路工程的智慧施工与管理。

(2)空间数据的管理需求

系统能够对道路空间数据和属性数据进行可视化操作,并实现对地图和场景漫游、放大、缩小和全幅显示等功能。通过 BIM+GIS 融合技术对公路工程智慧施工进行数据管理,主要包括 GIS 数据管理、BIM 数据管理和同步显示等。

(3)查询及分析需求

系统可以实现公路工程项目二维和三维空间数据与属性数据的双向查询及同步查询,此外,还可以实现地形信息的查询功能,包含等高线信息、剖面线信息、坡度信息、地形空间面积信息等。

(4)项目管理需求

结合二维 GIS 路线和三维场景,通过录入的施工相关信息,能够实现对某路段工程量的统计、施工进度分析、施工成本计算、施工质量分析,以达到高效、科学施工的目的。

(5)图表生成需求

将施工各路段施工进度分析、施工成本计算、施工质量分析等数据分析结果以甘特图、折线图、柱状图和地图、场景中的专题图形式直观显示。

由以上公路工程施工管理的需求目标可以得到,三维模型和二维 GIS 路线的属性数据和空间数据都是由系统进行管理的,通过采集道路施工过程产生的数据计算分析,对公路工程施工进行管理,公路工程信息化管理平台结构如图 3-8 所示。

此框架结构在计算机硬件设备支撑的前提下,应用 BIM 软件创建道路三维模型,并将道路 BIM 模型集成到 GIS 平台中,应用 GIS 软件创建三维地表模型、道路二维路线,将三维地表模型与道路三维模型在空间位置上相结合,应用数据库软件对道路二维和三维空间数据、属性数据、施工信息数据进行管理、分析计算,协助道路施工管理机构科学施工。

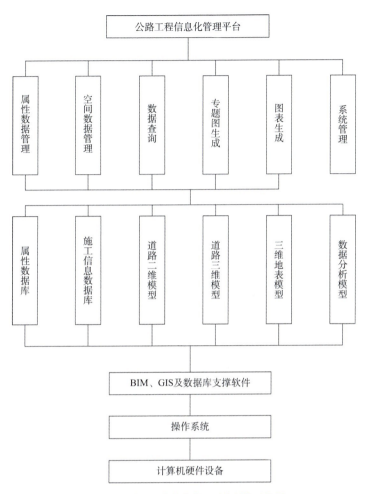

图 3-8 公路工程信息化管理平台结构示意图

2) 公路工程施工管理信息系统功能设计

公路工程施工管理信息系统的开发要适应公路工程施工管理的整体结构需求,在三维道路场景可视化前提下,通过分析施工期间实时动态数据和静态数据,实现道路施工可视化管理。该系统分为五个子模块,其中每个子模块下都包含多个功能来实现系统的目标,公路工程施工管理信息系统的功能设计,如图 3-9 所示。

基于 BIM + GIS 融合技术的公路工程施工管理信息系统主要由四个部分组成,每个部分都具有自身独特的功能:

(1) 数据管理

①GIS 数据管理:对二维道路基础信息进行整理,添加施工信息,同时能够对施工信息进行编辑、查询、修改和保存。主要目的是获取每个路段的施工信息,界面包括道路空间信息的显示、道路属性信息的显示、地图操作以及功能按钮和查询字段设定。

②BIM 数据管理:三维模型基本信息整理的主要目的是对公路工程项目各个工程构件模型和施工信息的整理,包含三维空间数据的显示、属性数据的显示、场景操作以及功能按

钮等。三维模型基本信息整理包括三个功能区，分别为构件查看、模型编辑与属性数据编辑。三维模型信息浏览通过选择场景中 BIM 模型即可查询对应路段详细属性信息。

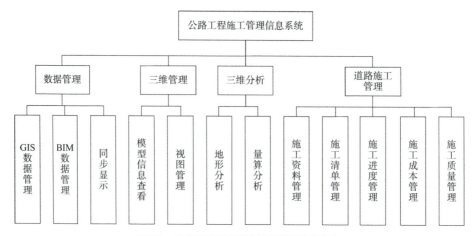

图3-9　公路工程施工管理信息系统功能设计

③同步显示：通过对二维和三维空间数据的整理，同步显示界面可以实现二维 GIS 路线和三维道路模型同步显示、同步查询的功能。界面包括二维和三维空间数据的显示、属性数据的显示、地图和场景的操作以及施工进度查询的设定，主要功能包含二维和三维联动、同步显示、施工进度查询。

（2）三维管理

①模型信息查看：主要是对道路三维模型单个工程构件进行属性信息查询、施工信息查询和道路横断面施工图纸查询，同时能够获取该工程构件的位置信息。

②视图管理：主要是对模型进行可视域分析、视线分析、天际线分析、裁剪面分析、阴影分析。

（3）三维分析

地形分析主要是对三维地表模型进行剖面线分析、等高线分析、坡度坡向分析和淹没分析。量算分析主要是对三维地表模型进行水平距离量算、空间距离量算、空间面积量算和高度量算。

（4）道路施工管理

①施工资料管理：主要是对公路工程施工过程中产生的资料进行数字化管理，便于存档和保存。

②施工清单管理：主要是将各路段工程量信息录入系统，进行查询与工程量统计。

③施工进度管理：根据目前施工状态将施工进度填报到系统中，以供管理者查询，确保第一时间了解施工进度。

④施工成本管理：根据公路工程预算定额基价表，计算道路施工各工程子项单价费用并求得各路段工程阶段施工所需费用。

⑤施工质量管理：获取施工过程相关数据，应用层次分析法，评价各路段施工质量情况，确保公路工程施工质量安全可靠。

由上述介绍可知,基于 BIM + GIS 融合技术的公路工程信息化管理平台很好地适应了工程施工造价高、投资大、点多、线长、面广、质量要求高、户外作业环境复杂的特点,对施工所产生的大量工程信息,提供了较好的管理,解决了一般施工管理系统缺乏信息共享、可视化、全生命周期管理功能的问题。在未来,该技术还有较大的研究空间及较好的发展前景。

本章参考文献

[1] 王晶."智慧工地"在公路工程中的运用[J].散装水泥,2022(2):46-48.

[2] 熊欣,杨克华,赵喜锋,等.BIM + GIS 在高速公路智慧建造中的关键技术[J].中国公路,2020(10):112-113.

[3] 窦存杰,董锦坤,贾君.BIM 技术国内外研究现状综述[J].辽宁工业大学学报(自然科学版),2021,41(4):245-249.

[4] 张云翼,林佳瑞,张建平.BIM 与云、大数据、物联网等技术的集成应用现状与未来[J].图学学报,2018,39(5):806-816.

[5] 何刚,尹紫红,廖知勇,等.高速公路 BIM + GIS 多源数据集成与融合探析[J].科学技术创新,2021(15):101-104.

[6] 卫少阳,张朝晖,严超群,等.基于 BIM + GIS 融合技术的智慧工地建设技术研究[J].科技风,2022(24):1-3.

[7] 于飞.基于 BIM + GIS 融合技术的公路工程可视化管理平台[J].中国交通信息化,2021(9):30-34.

[8] 宋关福,陈勇,罗强,等.GIS 基础软件技术体系发展及展望[J].地球信息科学学报,2021,23(1):2-15.

[9] 李霞,李娜,张益宁,等.GIS 与物联网技术在智慧工地建设中的应用[J].测绘与空间地理信息,2021,44(1):159-161.

[10] 陈易,李满春.GIS 在公路路线设计中的应用[J].科技通报,1998(2):44-48.

[11] 姚欣.地理信息系统在城市规划管理中的作用分析[J].城市建筑,2022,19(18):60-62.

[12] 杜黎明,王燃.物联网技术在智慧工地中的应用研究[J].核动力工程,2020,41(S1):92-95.

[13] BEATRIZ C G, FERNANDA L, KASEY M F. 4D-BIM to enhance construction waste reuse and recycle planning:case studies on concrete and drywall waste streams[J]. Waste Management, 2020, 116:79-90.

[14] ANTONIA P Á, lVAREZ, JOAQUÍ, et al. Opportunities in airport pavement management:integration of BIM, the IoT and DLT[J]. Journal of Air Transport Management, 2021, 90:101941.

第4章 物联网技术

随着公路工程建设项目规模和复杂性的增大,参与方增多,工程项目的风险及管理难度也不断增加。智能识别终端等技术的发展使物联网技术得以在工程管理工作中应用和实施,以此来降低施工成本、把控施工进度、提高工作效率等。物联网关键技术包括传感器技术、定位跟踪技术、自动识别技术和图像采集技术等,将以上技术应用于智慧工地来实施监控施工状态,有效提高数据信息的准确性、及时性和完整性,有利于实现施工精细化管理,且有利于施工企业降本增效,从而提升工程建设的信息化和智能化水平。

4.1 传感器技术

传感器是一种感应装置,主要通过物体检测过程中对外界环境变化产生感应,并借助数据传输信号,实现对物体的控制。传感器是现代多种尖端技术必不可少的关键组成部分之一,其具有巨大的应用潜力,拥有广阔的开发空间,被人称为"支撑现代文明的科学技术"。在国外,传感器技术已经广泛地应用到国家军事、交通管理、航空航天等诸多领域;在国内,相关技术部门已在传感器研究开发、设计、制造、改进等多方面获得了前所未有的突破,初步形成了传感器研究、开发、生产、应用的体系,传感器行业迅猛壮大并保持着良好的发展势头。

4.1.1 传感器技术概述

传感器是信息获取的重要手段,它能感受诸如力、温度、光、声等物理量,并能按照一定的规律转换成便于传送和处理的另一物理量(通常为电流、电压等电学量),通常由敏感元件、转换元件和信号调理转换电路等组成。它的微型化、数字化、智能化、集成化、多功能化等特点能够满足信息的传输、处理、存储、显示、记录和控制等要求,成为实现自动检测和自动控制的首要环节。

传感器与物联网技术的结合,可以实现自动化和智能化,将传感器对外界变化反应的感知和获取到的数据传递给物联网系统,确保数据信息更加准确。物联网主要是物体之间一种信息传递的连接方式。推动物联网的深入发展对传感器的依赖性较大,这主要是因为物体之间信息测量、分析控制都需要借助传感器才能实现。传感器是数据采集的基础所在,也是物联网中重要的组成部分之一。自动化流程发展中,流程的控制、安全及管理等系统都需使用传感器进行测量和分析。将传感技术与其他软件技术结合,能确保信息传播更加可靠和准确。通过传感器、物联网可获取环境动态变化信息,为应用系统提供实时数据。传感器的构成如图4-1所示。

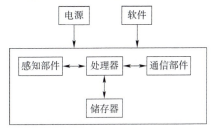

图4-1 传感器构成示意图

随着科技的不断发展和我们对事物的认识不断刷新,传感器技术大体上经历了3个时代。

第一代是结构型传感器,出现于20世纪50年代,它利用结构参量变化来感受和转化信号。例如电阻应变式传感器,它是利用金属材料发生弹性形变时的电阻变化来转化电信号的。

第二代传感器是20世纪70年代开始发展起来的固体传感器,这种传感器由半导体、电介质、磁性材料等固体元件构成,是利用材料某些特性制成的。如利用热电效应、霍尔效应、光敏效应,分别制成热电偶传感器、霍尔传感器、光敏传感器等。20世纪70年代后期,随着集成技术、分子合成技术、微电子技术及计算机技术的发展,出现了集成传感器。集成传感器主要包括传感器本身的集成化和传感器与后续电路的集成化。例如电荷耦合器件(CCD),集成温度传感器AD 590,集成霍尔传感器UG 3501等。这类传感器主要具有成本低、可靠性高、性能好、接口灵活等特点。集成传感器发展非常迅速,现已占传感器市场的2/3左右,它正向着低价格、多功能和系列化的方向发展。

第三代传感器是20世纪末逐渐发展起来的智能传感器。所谓智能传感器是指其对外界信息具有一定检测、自诊断、数据处理以及自适应能力,是微型计算机技术与检测技术相结合的产物。20世纪80年代智能化测量主要以微处理器为核心,把传感器信号调节电路、微计算机、存储器及接口集成到一块芯片上,使传感器智能化。20世纪90年代智能化测量技术进一步提高,在传感器一级水平上实现智能化,使其具有自诊断功能、记忆功能以及联网通信功能等。

随着当今时代的不断发展,人们越来越追求物体的微型化,这也是时代发展的必然之路,如从开始的固定电话,到如今的智能手机,都是微型化方向转变发展的体现。微型传感器也逐渐进入人们的生活,当前很多微型设备都采用了硅材料,其重量相对较轻,且具有较强的耐腐蚀性,在节约资源的同时也大大降低了传感器的体积,微型传感器的应用范围逐渐广泛,改变了人们的生活方式,也促进了我国电子设备的自动化发展。传感器技术能实现产业的多功能化,在工业发展、智能家居等方面发挥着重要作用。多功能传感器优点显著,灵活度较高,相比单个的传感系统更加准确,能更好地实现传感器和物联网之间的直接连接,确保系统正常运行。物联网技术借助无线网络将不同设备加以连接,更好地实现设备之间的交互,通过传感器对外界环境的感应,实现电器的协作功能,从而带动传感器技术和物联网技术的发展。

4.1.2 传感器分类

根据传感器的基本感知功能可以将其分为热敏元件、光敏元件、力敏元件、声敏元件、气敏元件、磁敏元件、湿敏元件、放射线敏感元件、色敏元件、味敏元件十大类,这种分类方式是现阶段较为普遍且易于人们接受的一种;根据工作原理大致可分为电阻式、电容式、光电式、热电式、压电式、红外、超声波、激光传感器等,这种分类有利于研究、设计传感器及对传感器的工作原理进行阐述;按应用场合可分为工业用、农用、家电用、军用、医用传感器等。

鉴于传感器种类繁多,现举生活中常见的几类传感器加以说明。光敏电阻可以在直流或交流电下工作,电阻随光照的增强而减小,根据光电流的变化可以计算出光线强弱。其原理为光电效应——当光线(包括不可见光)照射在金属表面时,金属中有电子逸出,光电子定向移动从而形成光电流。光敏电阻能够把光照强弱的光学量转换为电阻的电学量。红外传感器通过测量物体发出的热辐射来检测和分析物体的温度,这种辐射的电磁波包含多种波长,且峰值波长与物体的热力学温度成反比。由此可见,物体的辐射受温度影响。若该物体为敏感元件,则可实现对辐射的检测。红外线探测器将红外辐射量转换为电信号,通过对电信号的监测就能够探测辐射的各个参量。光纤传感器基于光纤的基本结构。光纤包括内芯、外套两层,由于内芯的折射率大于外套的折射率,光从光纤一端进入后将会在内芯与外套界面上进行多次反射,最后从另一端射出。光纤传感器是利用光传输过程中外界因素对光纤的影响,检测光纤光波特征参量(如相位、光强、频率、波长等)的变化,从而得到此外界因素的有关被测数据的一种设备。光纤传感器工作原理如图4-2所示。

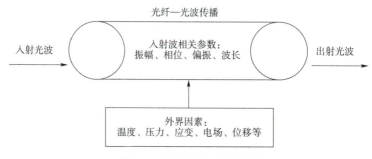

图4-2 光纤传感器工作原理图

4.1.3 传感器网络

传感器网络是由大量部署在作业区域内的、具有无线通信与计算能力的微小传感器节点通过自组织方式构成的,能根据环境自主完成指定任务的分布式智能化网络系统。整个传感器网络协调各个传感器,将覆盖区域内感知的信息进行综合处理,并发布给观察者。观察者是传感器网络的用户,是感知信息的接受和应用者,在智慧工地框架中为施工决策者。感知对象是观察者感兴趣的监测目标,也是传感器网络的感知对象,如施工现场机械、施工物料、劳动人员等。

在传感器网络中,节点通过各种方式大量部署在被感知对象内部或者附近。这些节点通过自组织方式构成无线网络,以协作的方式感知、采集和处理网络覆盖区域中的特定信息,可以实现对任意地点信息在任意时间的采集、处理和分析。一个典型的传感器网络的结构包括分布式传感器节点(群)、汇聚节点、互联网和用户界面等。传感器网络综合了传感器技术、嵌入式计算技术、现代网络及无线通信技术、分布式信息处理技术等,能够通过各类集成化的微型传感器协助实时监测、感知和采集各种环境或监测对象的信息,通过嵌入式系统对信息进行处理,并通过随机自组织无线通信网络以多跳中继的方式将所感知信息传送到用户端。传感网络原理如图 4-3 所示。

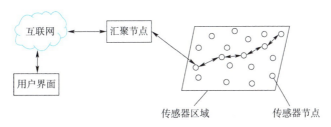

图 4-3 传感器网络原理图

无线传感器网络系统结构是由众多无线传感器节点、汇聚节点、任务管理节点、互联网和卫星等部分构成的。其中,传感器节点分别存在于系统指定的范围内,各个传感器节点都能够利用自身的功能进行数据信息收集和整理,并且将这些数据信息进行正确的传输。汇聚节点也能够将数据信息输送到不同的传感器节点中,将它连接到互联网和卫星中,通过互联网和卫星完成传感器和任务管理节点之间的信息输送。无线传感器网络系统结构如图 4-4 所示。

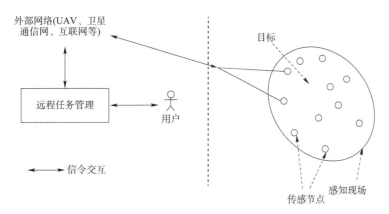

图 4-4 无线传感器网络系统

无线传感器网络中的传感器节点是由传感器板块、处理板块、能量板块和无线通信板块这四大部分组成,传感器节点结构如图 4-5 所示。在相关的设计工作中,所有部分的通信工作都要将低耗能、节约能源放在第一位,如果到了必要的阶段,可以丢掉一些不必要的其他网络性能,从而最大程度上提高电源的工作效率。

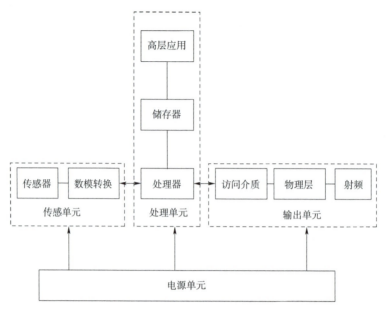

图 4-5　无线传感器网络中传感器节点结构图

4.1.4　传感器在智慧工地的应用

施工现场的传感器主要用于采集施工构件的温度、变形、受力、设备的运行等反映施工生产要素状态的数据。目前施工现场常见的传感器包括：温湿度传感器、环境监测传感器（噪声、风速、PM2.5、PM10 等）、重量传感器、幅度传感器、高度传感器、回转传感器、运动传感器、旁压式传感器、烟雾感应传感器、红外传感器、位移传感器等。其中重量传感器、幅度传感器、高度传感器和回转传感器可被用于监控塔式起重机、升降机等垂直运输机械的运行状态，对塔式起重机、升降机发生超载和碰撞事故进行预警和报警。运动传感器既可以用于施工机械的运行状态监控，记录机械运行轨迹和效率，也可以进行劳动人员运动和职业健康状态监测。旁压式传感器主要用于卸料平台的安全监控。环境监测传感器负责施工现场各区域的劳动环境监测。烟雾感应传感器主要用于现场防火区域的消防监测。红外传感器主要用于周界入侵的监测。温度传感器主要用于对混凝土的养护、裂缝以及冬期施工的环境温度进行监控。位移传感器主要用于检测诸如桥梁、房屋结构构件的变化、房屋的倾斜、沉降、地质预警等。

物联网的传感器技术方兴未艾。在新技术、新理念、新材料、新需求的刺激下，传感器正趋向于微型化、集成化、低耗化、网络化、智能化。物联网的传感器技术必将凭借传感器强大且多样的功能，进一步成为对复杂生产流程等进行智能化监测的一项重要技术，其可应用范围也会不断扩大。物联网的传感器技术不单单是一项技术，还有助于现代科技发展，进一步推动全社会、全世界、全人类文明的进步。同时，鉴于物联网尚处于探索阶段且仍是一个尚未成熟的新研究领域，传感器技术也处在不断变化与发展的过程中，我们应积极借鉴国外先进的研究成果，结合我国的实际情况，开展跨领域、跨国界的合作，进一步展开深入的探究。

4.2 定位技术

施工现场具有危险源多、设备众多和现场情况复杂等特点,如桥隧的修建施工环境艰苦恶劣,工种风险系数高,作业人员人数多,如果无法掌握人员实时分布情况,就难以实现合理有效的管理调度;难以进行精确的区域管控,阻止非授权人员进入特定区域;也难以在紧急情况下让救援人员第一时间掌握遇险人员分布详情。虽然当前的智慧工地大部分区域都覆盖了视频监控,但单纯依赖摄像头,管理员在面对成百上千个监控画面时,难以第一时间发现异常,更无法把意外消灭在萌芽状态。因此,智慧工地定位系统有助于解决施工现场安全问题,为施工的有序进行提供保障,是智慧工地构建的重要组成部分,同时也是"智慧城市"的有力基石。

4.2.1 定位技术概述

定位技术是指利用包括卫星、基站、WiFi 网络、蓝牙等不同的技术手段对特定物体进行位置定位和跟踪定位。不同的定位技术由于各自的工作特点和定位精度,其适用的定位场景各有不同。针对不同的施工环境及需求,搭建具有针对性的定位系统,对建设智能化和安全化的智慧工地、提升工程管理信息化水平具有重要意义。

4.2.2 定位技术分类及工作原理

1) GPS 定位

GPS 是物联网延伸到移动物体、采集移动物体信息的感知技术。其定位的基本原理是 GPS 接收机将高速运动的卫星瞬间位置作为已知的起算数据,并测量出到卫星的距离,计算出接收机运动方向、运动速度和时间信息,当接收到大于等于 4 颗 GPS 卫星信号时,便可列出 4 个定位方程,联立可求出观测点位置,GPS 定位原理如图 4-6 所示。

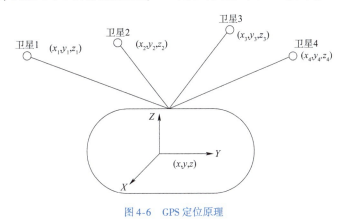

图 4-6　GPS 定位原理

假设 t 时刻在地面待测点上安置 GPS 接收机,可以测定 GPS 信号到达接收机的时间为

$\triangle t$,再加上接收机所接收到的卫星星历等其他数据可以确定以下 4 个方程式:

$$[(x_1-x)^2+(y_1-y)^2+(z_1-z)^2]+c(v_{t_1}-v_{t_0})=d_1 \quad (4-1)$$

$$[(x_2-x)^2+(y_2-y)^2+(z_2-z)^2]+c(v_{t_2}-v_{t_0})=d_2 \quad (4-2)$$

$$[(x_3-x)^2+(y_3-y)^2+(z_3-z)^2]+c(v_{t_3}-v_{t_0})=d_3 \quad (4-3)$$

$$[(x_4-x)^2+(y_4-y)^2+(z_4-z)^2]+c(v_{t_4}-v_{t_0})=d_4 \quad (4-4)$$

上述 4 个方程式中,x、y、z 为待测点坐标;v_{t_0} 为接收机的钟差,为未知参数;其中 $d_i=c\Delta t_i$ ($i=1,2,3,4$),d_i 为卫星 i 到接收机之间的距离,Δt_i 为卫星 i 的信号到达接收机所经历的时间;x_i、y_i、z_i 为卫星 i 在 t 时刻的空间直角坐标;v_{t_i} 为卫星钟的钟差;c 为光速。

由以上 4 个方程即可解算出待测点的坐标 x、y、z 和接收机的钟差 v_{t_0}。

GPS 可实现全天候、高精度、连续迅速的三维定位和测速,这在导航管理、测绘与跟踪服务中扮演着重要角色。总的来讲,GPS 定位技术具有以下几方面优势:

(1)具有较高的定位精确度

GPS 定位技术是利用卫星进行导航与定位的,其精度较高,并且经过不断的完善与发展,GPS 系统的测量精度实现了很大的突破,在 GPS 静态相对定位中,可以达到毫米级乃至亚毫米级的定位精度。

(2)自动化程度高

GPS 定位技术应用中,GPS 信号接收设备体积较小且操作简便,技术人员在实际应用中,通过将 GPS 信号接收机天线整平、对中,就可以利用系统完成自动观测,同时通过数据处理软件,可以实现对信息数据的实时自动化处理分析,从而为用户提供相关信息。

(3)能够实现全球全天候定位

GPS 定位技术是以卫星定位为基础,当前已有卫星数量已经能够实现对地球全面且连续的覆盖,通过卫星定位系统,可以解除位置与时间的限制,随时随地都可以进行定位测量。

2)蓝牙定位技术

蓝牙定位技术通过接收信号强度计算得出终端到多个节点的距离,并以已知节点位置为圆心,终端与节点的距离为半径形成圆形,多个圆的交点就是终端位置。蓝牙定位的精度比 WiFi 定位精度高,达到亚米级。蓝牙定位最大的优势是设备体积小、短距离、低功耗,容易集成在手机等移动设备中。蓝牙传输不受视距的影响,但对于复杂的空间环境,蓝牙系统的稳定性稍差,受噪声信号的干扰大。其中蓝牙定位原理如图 4-7 所示。

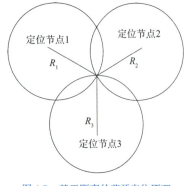

图 4-7 基于距离的蓝牙定位原理

终端到基站的距离解算方程组公式为:

$$R_i=\sqrt{(x_i-x)^2+(y_i-y)^2} \quad (i=1,2,\cdots,n,n\geqslant 3) \quad (4-5)$$

式中,R_i 为第 i 个基站到终端的距离;(x_i,y_i) 为第 i 个基站的坐标。基于场强进行距离估计时,当终端距离定位基站较近时,信号强度对应的距离分辨率较好,精度较高;当终端距离定位基站较远时,信号强度对应的距离分辨率较差,精度较低。

基于蓝牙定位技术的人员定位是一种实时定位,可以实现电子围栏、历史轨迹、精准查询等功能。蓝牙定位技术具有成本低、免布线等特点,蓝牙技术的出现,使普通的智能设备也具备了定位功能。蓝牙定位的优势在于定位精度基本满足业务需求,具有定位成本低、功耗低、施工安全风险低等特点。在需要定位的应用场景内布设分布式蓝牙信标,形成无线定位环境,通过人员或物品佩戴定位器,构成蓝牙无线定位系统,该系统能够实现对现场人员、车辆、重要物资以及现场作业的全方位可视化管理,从而有效提升安全管理水平。

例如,施工场地由于施工人员众多,难以实现高效管理和快速调度。在施工现场布设蓝牙网关和蓝牙信标,通过施工作业人员配备的定位工卡或安全帽等终端,与蓝牙信标通信确定实际的相对位置,最终将位置信息通过蓝牙网将信号数据回传至服务器,这样就实现了对施工人员的实时定位,不仅能起到监督工作的效果,还能时刻关注到施工人员的安全。

3)超宽带定位技术

超宽带(Ultra Wide Band,UWB)技术是近年来新兴的一种无线通信技术,UWB信号使用3.1~10.6GHz的频段范围,并且该信号的发射功率须在1mW以下。UWB定位技术与传统通信技术有极大的差异,它不需要使用传统通信体制中的载波,而是通过发送和接收具有纳秒或纳秒级以下的极窄脉冲来传输数据,从而具有GHz量级的带宽。UWB定位基站如图4-8所示。

UWB定位和其他多数定位方式相同,也是基于测距原理而实现,其测距模块的工作机制是:设置基站和标签,通过二者之间的信息交流来记录信息的发送和到达时间,并根据获取的时间关系推算出信号飞行时间,从而得到基站与标签之间的直线距离。采用传统三角定位原理计算信号发射源的空间位置,定位标签发射源发射信号脉冲,基站接收机需要提前安装在需要定位的空间里面,并需要自定义一个直角坐标系统,测绘出每个接收机的X、Y、Z坐标。定位标签发射源发射的脉冲飞行速度为光速C,脉冲到达3个信号接收机的时间分别为T_1、T_2、T_3,通过光速C和时间T的关系就可以计算得到3个距离L_1、L_2、L_3,分别以3个距离为半径画出3个圆圈的交集处就是定位标签信号发射源的位置。UWB其定位原理如图4-9所示。

图4-8 UWB定位基站

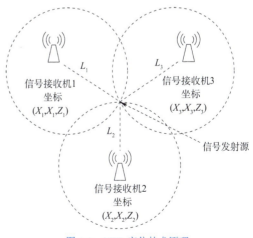

图4-9 UWB定位技术原理

UWB超宽带技术是一种基于极窄脉冲的无线技术,其抗干扰能力强,具有传输速率高、发射功率低、抗多径效果好、安全性高、穿透能力强等优点。UWB 定位精度高,可以做到亚米级,在较好的环境下可以做到 5cm 甚至更优,并且设备功耗很小,在有线环境下标签为 800mAh 的锂电池可以连续使用几个月,在信标方案部署下标签为 800mAh 的锂电池可以连续使用半个月。

基于 UWB 定位技术,对建筑工地人员建立定位系统,可对工地人员进行精确定位,保障人员或区域的安全,以及对现场的物资设备进行定位管理,便于及时进行调配和考勤管理,提高施工管理水平,也能为事故处理和救援工作提供可靠的数据依据,保证抢险救灾工作的高效运作。

4) WiFi 定位技术

WiFi 定位技术是指通过无线接入点(包括无线路由器)组成的无线局域网络(WLAN),可以实现复杂环境中的定位、监测和追踪任务。它以网络节点(无线接入点)的位置信息为基础和前提,采用经验测试和信号传播模型相结合的方式,对已接入的移动设备进行位置定位,最高精确度在 1~20m 之间。

WiFi 定位主要由 TOA/TDOA/AOA 方法和基于 RSSI 的定位方法,与其他定位方法相比,WiFi 定位具有稳定性强、不需要额外安装设备、成本较低等优点,但是 WiFi 容易受到遮挡物的影响而产生多径效应,影响最终的定位精度。

常见的定位技术特点详见表 4-1。

定位技术特点分析 表 4-1

定位技术	抗干扰能力	相对成本	定位精度(m)	优势	劣势
GPS	强	高	5~50	普适性强	精度低,依赖基站密度
蓝牙	弱	低	5~10	易集成	定位跳动,维护量大
UWB	强	高	0.3~0.5	定位精度高	覆盖范围小
WiFi	弱	低	2~50	普适性强	易受环境干扰,精度低

4.2.3 定位技术在智慧工地的应用

从智慧工地角度出发,定位技术将为其提供高效的大面积测量,只需将定位仪安装即可,定位仪可以自动完成大地测量。其技术还能用于室外人员和机械的定位追踪,便于合理地完成人员和机械调度。定位技术在智慧施工方面的应用主要体现在以下几方面。

一是利用高精度定位技术进行建筑物水平位移监测。根据建筑物形变产生的机理分析,在外在因素的影响下改变了结构的受力状态,使得建筑物逐渐发生了倾斜、水平位移,这种变形是一个缓慢发展的过程。变形初期无法依靠人工观察发现建筑物的形变,即使依靠传统的监测设备经纬仪、静力水准仪和位移计等来测量建筑物的倾斜度、水平位移也无法发现,且传统方法不仅效率低还误差较大,很难做到实时监测和数据的动态传输。而以北斗卫星导航系统为基础的建筑变形监测系统可以通过三维引擎建立建筑物的三维模型,实时监测建筑物的位移。通过测量建筑物的水平位移,数据收集与分析,及时报告其变化量和分析趋势,可及时发出预警报告。

二是可以进行建筑物沉降位移监测。建筑物的基础埋置在地层中,地层环境具有很强的不稳定性,地下水位变化、流沙等因素会引起建筑物竖向位移,对建筑物造成破坏。借助高精度定位系统,实时监测建筑物的位移变形速度、区域位移量。地质沉降监测要求定位精度非常高,一般采用双频高精度北斗卫星接收机,能输出伪距等信息,还可以输出高精度定位解算需要的载波相位等数据,非常适合地质沉降的高精度测量。

三是利用工程定位管理系统助力工程项目管理,提高工作效率。工程定位管理系统具有定位准确、连续工作时间长、易使用、易维护、无须额外部署定位基站、网络设施等优点,更适用于复杂的工地环境。通过融合定位技术将现场人员的实时位置信息显示出来并记录其行动轨迹,可对其工作进行量化管理。有突发情况发生时,救援人员可根据该系统的高定位精度来判断相关人员的所在位置,及时采取相应的救援措施,提高救援工作的效率。这个功能的日渐完善在很大程度上提高了工地的安全性,进一步加强了管理者对现场情况的控制。在智慧工地中融合定位系统可实时获取特定区域人员和车辆的详细信息及分布情况,对人员串岗、睡岗、脱岗及车辆违规停放行为进行管理。

将高精度定位技术与运输设备、起吊设备、打桩设备结合,直接提高了施工的速率,提升了施工质量。摆脱了过去依靠人工监测的不智能、不灵活、效率低、失误率高、施工安全事故频发等弊端。传统定位技术在正常情况下能实现 10~100m 定位精度,随着各种新型技术的应用实践,经过创新后,其定位技术能完成 5~10m 以内的精确定位。随着定位精度不断提高,将衍生出各种新型应用,甚至可能会给互联网带来较大变革。目前我国也在积极加强精确定位前沿技术研究,如天基定位技术、北斗地基增强设施等,通过地面卫星辅助定位设施可以将定位精度提升到厘米,甚至是毫米。

4.3 图像和视频技术

图像和视频技术由于其直观、便捷的方式,一直被广泛应用。图像和视频技术的发展经历了多个时期,随着微电子技术与通信技术的发展,图像和视频技术也日益完善,且朝着专业化、多元化方向发展。图像和视频技术是包括了采集、处理、识别等一系列相关技术的总称,是利用图像和视频技术代替人眼做测量和判断的技术。目前,图像和视频识别是人工智能的重要领域。在智慧工地框架下,图像和视频技术负责图像和视频的采集、处理和分析,是施工现场信息的重要来源之一。

4.3.1 图像和视频技术概述

图像作为人类感知世界的视觉基础,是人类获取信息、表达信息和传递信息的重要手段。因此,如何获得准确的图像也成为当今的一个重要话题。随着智能视频监控、人脸识别门禁系统、自动驾驶、机器人视觉导航等贴近人们日常生活的视频数据的暴增,图像和视频目标检测研究具有更大的现实意义与应用价值。如以图像识别为核心技术,对人脸信息进行自动采集,并通过识别对象图像信息的核对,进行考勤数据的动态分析、人员的智慧管理,做到进出人员有据可查,弥补了传统出入口监管方法的不足和低效,提升了实名制管理安全性和可靠性。

在整个图像识别信息系统中,前端的传感装置、扫描装置、摄像装置等,会获取待测目标的图像信息。然后经过通信设备,将图像信息从前端传输到终端计算机上。由于计算机只能识别二进制数据,因此需要对采集到的图像进行数字化加工处理。另外,在处理环节,还会根据图像本身的情况,采取诸如降噪、去重、除雾等处理技术,以提高图像信息的清晰度,保证图像内容的真实性。完成处理后,计算机通过识别数据获取图像信息,然后利用大数据分析技术、人工智能决策技术等,做出相应的判断,下达相应的指令,完成图像自动处理和系统智能控制。由此可见,在某些特定的场合,计算机图像处理与识别技术可以代替人工完成部分操作管理,在降低人工成本、提高管理效率等方面发挥了显著的优势。

图像分割是图像处理的关键技术,至今数以千计的分割理论和算法已被提出,阈值分割方法、边缘检测方法、区域提取方法、结合特定理论工具的分割方法等是现有常见的分割方法。图像和视频技术应用类别包括测量、检测、定位、识别。目前为保证应用精度,对获取的图像与视频需满足一定要求,包括图像反差最大化、控制照片和曝光、控制分辨率和清晰度、避免图像畸变、保持待测物体成像大小一致等。如何降低这些条件的制约,提高图像和视频技术的使用灵活度,是目前科研和工业应用的重点工作内容。

4.3.2 图像识别与视频识别

1)图像识别

计算机的图像识别技术和人类的图像识别在原理上并没有本质的区别,人类的图像识别是依靠图像所具有的本身特征分类,然后通过各个类别所具有的特征将图像识别出来的,当看到一张图片时,我们的大脑会迅速感应到是否见过此图片或与其相似的图片。在这个过程中,我们的大脑会根据存储记忆中已经分好的类别进行识别,查看是否有与该图像具有相同或类似特征的存储记忆,从而识别出是否见过该图像。

计算机图像处理与识别技术是指利用计算机技术对目标图像进行识别、分析及处理,从而实现对图像特征及关键信息的提取,达到识别处理的目的。计算机图像处理与识别技术以人工智能技术为载体,快速准确地对图像进行处理和识别,其中,从基本定义上来说,图像是对客观对象的一种相似性的、生动性的描述或写真,是对客观对象的一种表示,它包含了客观对象表面上的各种信息。广义上,图像是指具有视觉效果的画面,它的存在方式有纸张、照片、电视、电脑或投影仪等,故而图像根据定义可分为模拟图像和数字图像。模拟图像又被称作连续图像,它是指具有一定的灰度值且在二维坐标系中连续变化的图像,模拟图像的像点是无限稠密的,例如人物和风景的照片。数字图像则是用二维数字组形式表示的图像,与模拟图像不同,数字图像的光照位置和强度都是离散的,它是通过模拟图像数字化得到的一类图像,以像素作为基本元素。像素是数字图像中的最小单位,不可以再分割成更小的单位或元素。

图像识别技术的过程分以下几步:信息的获取、预处理、特征抽取和选择、分类器设计和分类决策。图像识别基本流程图如图 4-10 所示。

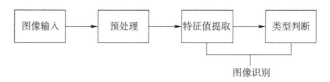

图 4-10　图像识别基本流程图

信息的获取是指通过传感器,将光或声音等信息转化为电信息,也就是获取研究对象的基本信息并通过某种方法将其转变为机器能够认识的信息。

预处理主要是指图像处理中的去噪、平滑、变换等操作,从而加强图像的重要特征。

特征抽取和选择是指在模式识别中,需要进行特征的抽取和选择。简单的理解就是我们所研究的图像是各式各样的,如果要利用某种方法将它们区分开,就要通过这些图像所具有的本身特征来识别,而获取这些特征的过程就是特征抽取。特征抽取得到的特征对识别并不都是有用的,这个时候就需提取有用的特征,这就是特征的选择。特征的抽取和选择在图像识别过程中是非常关键的技术之一,被视为图像识别的重点。

分类器设计是指通过训练得到一种识别规则,通过此识别规则可以得到一种特征分类,使图像识别技术能够提高识别率。

分类决策是指在特征空间中对被识别对象进行分类,从而更好地识别所研究的对象具体属于哪一类。

随着计算机软硬件技术的不断提高,图像处理与识别技术发展迅速,应用广泛,作为人工智能的一个重要领域,它具有以下几方面优势。

(1) 图像处理速度快

计算机图像处理与识别技术可以快速地在海量信息中获取所需的信息,将大量的图像信息输入计算机中构成数据库,通过计算机相关软件与建立的图像数据库进行相互配合,短时间内快速地比对提取到的重要特征信息,完成数据信息分析、对比、去除和保持等。

(2) 图像识别精度高

计算机图像处理与识别技术发展迅速,已经由传统的单张图片识别升级到可以同时处理多张不同类型的图片,经过计算机处理之后,无用的数据信息被过滤,符合要求的有效数据信息得以保留,基于该种处理方式的计算机图形的精度得到大幅度提高,进一步满足人们的需求。

(3) 图像处理灵活度高

计算机图像处理与识别技术的灵活度非常高,进行图像处理时,依托于各种各样的计算,通过智能化设置,与各项算法相互配合,实现自动化地进行图像处理和识别,并且其在处理过程中遵循智能化原则,具有相当高的灵活性。

2) 视频识别

视频识别是对采集的视频画面进行识别的过程,视频识别与图像识别相比检测多了时空上下文的信息,需要解决视频中每一帧目标的正确识别和定位的问题,同时也面临运动模糊、虚焦、遮挡、外观变化、尺度变化五大识别难点。通常采用两种方法来解决这些难点,一种方法的侧重点在于如何使用这部分信息来加速视频检测。这是由于相邻帧之间存在大量冗余,如果可以通过一些方法提速的同时不损害性能,将具有重要的实际意义。另一种方法是使这部分信息可以有效减轻单帧图片检测中由于运动模糊、物体面积过小导致的识别难的问题,从而提升性能。

就视频识别目前而言,主流的方法是单帧识别,将视频进行截帧,然后基于图像粒度(单帧)进行识别表达,如图4-11所示。然而一帧图相对整个视频是很小的一部分,特别是当这帧图没有很好的区分度,或是一些和视频主题无关的图像,则会使分类器无法进行分类。因此,如何增强视频在时间域上的表达是提高视频识别成功率的主要因素。

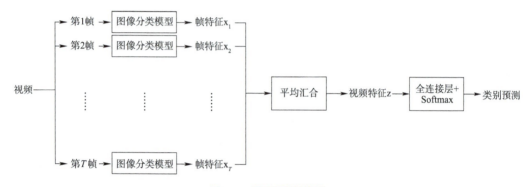

图4-11 视频识别结构图

对工地施工建设来说,存在一定困难,如施工现场作业人员繁杂,人力管控成本高昂;人、物、车密集,现场环境呈现难以预估的复杂性;项目进度难以掌控,整改执行措施落实不到位;建材容易失窃或遭到损坏等。针对这些问题,需要使用相关算法搭载视频识别监控,如区域入侵识别,通过识别安全帽颜色,识别安全帽的佩戴情况,侦测是否有违规进入工地人员;通过人脸识别来判断特殊场景内的工作人员等。

以安全帽的佩戴情况为例,如果施工人员没有戴安全帽,系统会识别到未佩戴安全帽人员信息,同时还可以现场联动工地智能广播,现场播报预警,如:"请佩戴安全帽!",从而保障施工人员安全。想要实现这一工作需要实时识别施工现场监控视频流的每一帧图像中工人与安全帽的类别信息与位置边框信息,从而识别出建筑工人无佩戴安全帽的不安全行为信息。具体步骤如下:

(1)输入视频流的每一帧图像至建筑工人识别网络模型进行提取建筑工人识别候选边框;

(2)将此识别候选边框输入安全帽识别网络中进行安全帽的类别识别与位置定位;

(3)安全识别预警系统将利用前两个步骤的预测信息与未佩戴安全帽的建筑工人位置规则判断,传输至系统前台进行及时预警,检测流程如图4-12所示。

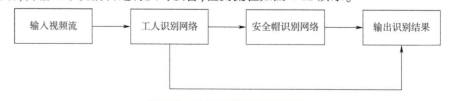

图4-12 安全帽佩戴识别检测流程

因为视频是由一系列具有时间连续性和内容相关性的图像组成,所以关于视频目标检测的研究自兴起以来都是在经典的图像目标检测算法的基础上进行改进与创新的。软硬件设备的增强,视频的流畅度也越来越高,10s 的视频画面便包含高达两三百甚至上千张图像,而视频比单纯的图像包含更多的时间和空间信息,若直接用图像目标检测的方法对视频文件的内容逐帧检测,不仅忽视了视频的时空信息还会拖慢检测速度,难以达到实时的需求。如何利用视频提供的时空上下文信息提升检测的准确率、速度等性能,成为各国研究人员的工作重点。

4.3.3　图像和视频识别技术在智慧工地的应用

传统的施工管理方法是一种传统管理方法,需要各个项目组、各个作业部门以及场地管理部门之间相互配合,以监督工作人员多走、多看为主要手段,存在着成本高、不及时、不全面等难点。项目管理是降低工程项目成本、提高利润空间的一个关键变量,图像和视频识别相关技术已经成熟地应用到工程项目施工管理中。目前较为广泛的应用为通过施工现场视频监控进行视频识别行为。视频监控系统可以进行工程项目施工现场安全方面的管理及对重点监控地点的全时性监控,如安全帽识别、机械识别、人员闯入识别等。图像和视频识别技术在施工现场的应用可以分为以下四方面:

(1) 人脸识别门禁

人脸识别技术现阶段相对成熟,利用人脸识别门禁闸机,可以实现对准入人员的控制,获取施工人员、管理人员在岗状态以及站岗时长的统计数据,为施工人员"实名制"、工资发放以及管理人员"履职尽责"的考核提供数据支持。

(2) 火灾识别及报警

火灾识别算法能够在较短时间内辨识出工地现场发生的火灾险情,并联动相关的报警行为,实现了工程施工阶段的火灾自动报警。同时,该算法未来发展方向是与无人机结合,针对施工场地占地面积极大或地面长、大线性工程(如高铁的地面线路工程、电网的架空输配电工程等),解决固定式视频监控摄像头无法全覆盖的问题。

(3) 高空作业的安全施工

建筑本身具有一定高度,在进行建筑作业时会遇到高空作业问题,一个是在建筑上升的高度施工过程中,一个是建筑外表的施工作业中。这两种情况必须用到高支模、脚手架和水平杆等工具或器械。目前来说,这些处于高空的工具或器械重量大,可能会因为支护不稳定而造成工具或器械的掉落,会带给高空作业的人员极大的伤害。视频监控可以查看高空作业的动态施工,能够及时给予监控和指导施工行为。

(4) 重型器械的安全使用

重型器械的安全使用包括安装、使用和拆卸三个方面,重型器械的安全隐患来源于在受到起载荷作用下可能产生的机械本身非操作情况下的移动,这种移动除去人为因素影响外,还受到土方的稳定性、沉降、边坡防护等其他施工环境因素的影响。同样地,重型器械也会对其他建筑器械、建筑主体或实物甚至是人员造成影响,所以视频监控器械的安全使用在工程实践方面具有重要价值。

4.4 无线射频识别技术

无线射频识别技术(Radio Frequency Identification, RFID)是自动识别技术的一种,通常由标签、读写器和数据管理系统组成。标签一般包含天线、调制器、编码器、储存器等单元,读写器由天线、射频模块、控制单元及系统软件组成。每个标签可存储一定量的数字信息,附着在物体上标识目标对象。RFID 系统最重要的优点是非接触识别,它能穿透木材、油漆、甚至是混凝土保护层,在恶劣环境中可长时间使用,使用寿命长达数十年甚至上百年。

从概念上来讲,RFID 类似于光学条形码,条形码是将已编码的图形附着于目标物并使用专用光学扫描器读取信息;而 RFID 系统则使用装有电子芯片的 RFID 标签存储相关信息,利用专用读写器通过无线电波与 RFID 标签进行信息传递。与条形码相比,RFID 标签的信息存储量巨大,甚至可存储诸如设计图纸、验收照片等大容量工程信息。

4.4.1 RFID 技术概述

RFID 技术最早起源于英国,应用于第二次世界大战中辨别敌我飞机身份,20 世纪 60 年代开始商用。美国国防部自 2005 年规定,所有军需物资都要使用 RFID 标签;美国食品和药物管理局建议制药商从 2006 年起利用 RFID 技术跟踪药品生产、运输、销售过程。Walmart、Metro 零售业应用 RFID 技术等一系列行动更是推动了 RFID 技术在全世界的应用热潮。许多生产行业也开始运用射频识别技术,将标签附着在一辆正在生产中的汽车,便于厂商追踪此车在生产线上的进度。射频标签也可以附着于牲畜与宠物上,方便对牲畜与宠物进行识别。员工可以使用进行射频识别的身份识别卡进入建筑,汽车上的射频应答器也可以用于征收收费路段与停车场的费用。

RFID 系统的分类有很多种。一是 EAS 系统,这是一种设置在需要控制物品出入门口的技术,经常会在超市出入口、收银处会接触到这种技术,如果产品没有消磁后被带走,该系统就会发出报警。这种技术的应用极大提升了商品的保护力度,无须人工监管,高效地维护了企业的利益。

一是 EAS 系统主要由三部分组成,电子传感器、电子标签消除装置以及监视器。

二是便携式数据采集系统,这种系统实现了 RFID 技术的灵活应用,借助带有 RFID 技术的手持设备进行数据收集,对环境有很强的适应性,手持设备虽小,但可以将数据实时、精确的传输到主计算机中,而且还可以进行批量输送数据。

三是物流控制系统,网络电商的发展给物流行业的发展提供了主动的契机,快速处理物流信息是行业发展的需求,使用 RFID 技术后,物品上的标签可以随意移动,只要有读写器就可以快速获取物品的信息,因此可以控制物流。

四是车辆定位系统,RFID 技术应用可以对车辆等交通工具进行定位,为协调交通、处理交通问题提供便利。

4.4.2 RFID 系统构成和工作原理

RFID 系统由应答器、读写器和应用软件系统组成。RFID 的基本工作原理并不复杂,标签进入读写器产生的电磁场后,接收读写器发出的射频信号,凭借感应电流获得的能量发送出存储在芯片中的产品信息,读写器读取信息后送至信息系统进行处理。

(1) 应答器。由天线、耦合元件及芯片组成,一般来说都是用标签作为应答器,每个标签具有唯一的电子编码,附着在物体上标记目标对象。

(2) 读写器。由天线、耦合元件和芯片组成,读取或写入标签信息的设备,可设计为手持式读写器或固定式读写器。

(3) 应用软件系统。把收集的数据进一步处理,为人们所使用。

无线射频识别系统结构如图 4-13 所示。

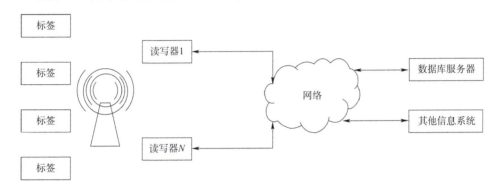

图 4-13　无线射频识别系统结构图

RFID 技术的主要工作流程如下:首先是读写器借助天线发送特定的信号,然后电子标签被激活,与读写器的信号成功连接到一起,其次是电子标签将自身存储的信息传送到读写器中,最后是读写器对信号进行调解、解码,将信息做出处理后传输到控制系统,由系统做出下一步的指令。在此过程中电子标签与读写器发挥着重要作用,它们之间的信息输出与接收主要有两种方式,一种是电感耦合,另一种是电磁反向散射,这两种的工作原理各不相同。电感耦合方式的工作原理是读写器与电子标签的信息传递为变压器模型,通过空间高频交变磁场进行耦合,由于电感耦合需要有磁力线穿过标签天线才可激活电子标签工作,因此 RFID 系统对读取距离有一定的要求。电磁反向散射方式的工作原理与雷达原理相似,是在读写器将信息发散出去后,遇到电子标签会将标签中的信息携带给读写器。这两种 RFID 系统工程都会经常使用,具体需要应用哪种工作原理的系统还需要结合具体的情况进行确定。RFID 的工作原理示意图如图 4-14 所示。

4.4.3 RFID 技术在智慧工地的应用

目前,在我国工程实践中,RFID 已经被用于身份识别、人员管理、预制构件和危险物品追踪等。例如,通过检测施工人员的 RFID 标签,可精准掌握人员考勤、位置、工种和进出场信息。将 RFID 技术应用于传统的施工现场管理内容,基于 RFID 形成全新的施工现场管理模型，例如基于 RFID 技术的施工物料管理系统，如图 4-15 所示。RFID 技术为智慧工地提供其他技术不能给予的好处，RFID 技术为智慧工地提供了一种高效的获取现场消息的手段。

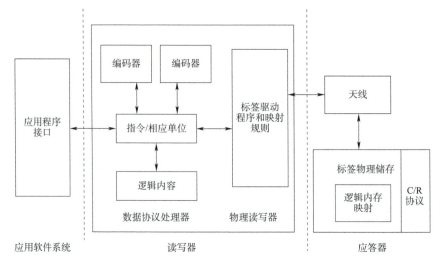

图 4-14　RFID 工作原理示意图

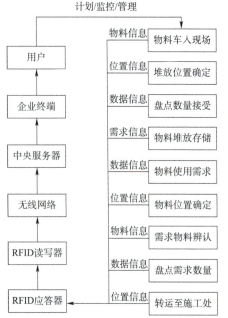

图 4-15　基于 RFID 技术的施工物料管理

1) 混凝土养护管理

嵌入预压或现浇混凝土上的传感 RFID 标签可以为建筑公司提供有关水泥的实时、准确的信息。预压混凝土梁和其他结构部件必须在重压之前，得到完全养护。如果过早重压，很容易出现裂缝或过早塌陷。如果等待时间过长，就会占用养护地的宝贵空间，不利于销售。现浇混凝土应用中，建筑公司需要准确预测水泥的状况。特别是对大型或高大的建筑而言，时间安排至关重要。目前公司正用传感器和 RFID 标签，确定特定区域"设置"的相对数量，然后加以推广，这样就确保了不同"浇注缝"的适当粘接。

2) 隐蔽工程管理

RFID 技术可以以一种非侵入性的方式加速特定材料的定位。在建筑工程中，同一坑道中可能布置着各种管道和电缆，相邻的坑道都需要确保安全。这时可以使用特殊的地下标签识别地下物体和相连的结构点或控件，将标签放入坑道，无论是为了维护、修理或只是为了避免开挖错误，基础设施的地下部分都可以精确定位。此外，对于电线、电缆、管道和风管等系统，通过 RFID 技术可以准确识别线路，而不需要移动很多天花板，达到简化维护和修理等施工过程的目的。

3) 施工原材料管理

在大型施工现场，使用材料之前都需要将这些材料安排在专门的材料存放区。虽然这些材料不一定"走出视线"，但由于那么多相似的部件放在一起，很容易混淆。所以，跟踪这些材料可能是一大挑战。RFID 标签可以识别出主要的结构零件、控制装置和其他必须放置在特定地点的物品。升降机卡车和其他设备上的读写器,可以在材料放置的地段读取标签,以确保快速检索并确认选中的材料。

4)施工安全管理

目前运用 RFID 技术提升施工安全管理效率成为该技术应用的热点领域。当前的研究和应用主要体现在如下两个方面:一方面是在具有安全隐患的危险源管理过程中采用 RFID 技术,巡查人员和视察人员就可以通过手持扫描仪扫描这些标签,这样能够方便管理者检查项目巡查记录和日志,并确认这些记录文件的合理性和真实性,不让检查成为形式;另一方面是对重点的危险区域,将主动式 RFID 标签贴于工人随身物品上,如安全帽、工作证等,当人员进入上述这些潜在的危险区域,设备将会主动报警,从而防止安全事故的发生。

本章参考文献

[1] 刘刚.智慧城市的智慧建造[J].中国建设信息,2014(10):12-16.

[2] 万晓曦."互联网+"提速智慧工地[J].中国建设信息化,2015(20):25-27.

[3] 张利,张希黔.建筑施工中的传感器应用与发展[J].施工技术,2002(4):32-34.

[4] 张波,庄昆,王维维.射频识别技术在矿井人员定位管理系统中的应用[J].山东煤炭科技,2011(6):82-84.

[5] 王要武,吴宇迪,薛维锐.基于新兴信息技术的智慧施工理论体系构建[J].科技进步与对策,2013,30(23):39-43.

[6] 杨卓静,孙宏志,任晨虹.无线传感器网络应用技术综述[J].中国科技信息,2010(13):127-129.

[7] XIAHOU X, WU Y F, DUAN T L, et al. Analyzing critical factors for the smart construction site development: A DEMATEL-ISM Based Approach[J]. Buildings, 2022, 12(2).

第 5 章
数据处理方法

5.1 神经网络模型

5.1.1 神经网络发展

神经网络是采用广泛互联的结构与有效的学习机制模拟人脑信息处理的过程,是人工智能发展中的重要方法,也是当前类脑智能研究中的有效工具。在几十年的发展历程中,神经网络曾历经质疑、批判与冷落,同时也几度繁荣并取得了许多瞩目的成就。从 20 世纪 40 年代的 M-P 神经元和 Hebb 学习规则,到 20 世纪 50 年代的 Hodykin-Huxley 方程、感知器模型与自适应滤波器,再到 20 世纪 60 年代的自组织映射网络、神经认知机、自适应共振网络,许多神经计算模型已发展成为信号处理、计算机视觉、自然语言处理与优化计算等领域的经典方法,带来了里程碑式的影响。目前,模拟人脑复杂的层次化认知特点的深度学习已经成为类脑智能中一个重要的研究方向。通过增加网络层数构造的"深层神经网络"使机器获得"抽象概念"能力,深层神经网络在诸多领域都取得了巨大的成功,并掀起了神经网络研究的一个新高潮。

1943 年,M-P 神经元模型被首次提出,模型中 $x_i(i=1,2,\cdots,n)$ 表示来自与当前神经元相连的其他神经元传递的输入信号,w_{ij} 代表从神经元 i 到神经元 j 的连接强度或权值,θ_i 为神经元的激活阈值或偏置,f 称作激活函数或转移函数。神经元 i 的输出值 y_i 可以表示为如下形式:

$$y_i = f\left(\sum_{j=1}^{n} w_{ij} x_j - \theta_i\right) \tag{5-1}$$

该模型从逻辑功能器件的角度来描述神经元,为神经网络的理论研究开辟了道路。1949 年,心理学家 Hebb 对神经元之间连接强度的变化规则进行了分析,并基于此提出了著名的 Hebb 学习规则,如下:

$$w_{ij}(t+1) = w_{ij}(t) + \alpha y_j(t) y_i(t) \tag{5-2}$$

式中,$w_{ij}(t+1)$ 和 $w_{ij}(t)$ 分别表示在 $t+1$ 和 t 时刻时,神经元 i 与神经元 j 之间的连接强度;y_i 和 y_j 为神经元 i 和 j 的输出。Hebb 规则的主要思想是根据两个神经元的激发状态来调整其连接关系,以此实现对简单神经活动的模拟。1958 年,Rosenblatt 等人成功研制出了代号为 Mark I 的感知机,这是历史上首个将神经网络的学习功能用于模式识别的装置,标志着神经网络进入了新的发展阶段。感知机是二分类的线性判别模型,旨在通过最小化误分类损失函数来优化分类超平面,从而对新的实例实现准确预测。假设输入的特征向量空间为 $x \in R^n$,输出类标空间为 $y = \{-1, +1\}$,则感知机模型如下:

$$y = f(x) = sign(w \cdot x + b) \tag{5-3}$$

式中,w 和 b 为神经元的权值向量和偏置;$w \cdot x$ 表示 w 和 x 的内积;$sign$ 为符号函数:

$$sign(x) = \begin{cases} +1 & (x \geq 0) \\ -1 & (x < 0) \end{cases} \tag{5-4}$$

随着对感知机研究的逐渐深入,1969 年 Minsky 和 Papert 从数学的角度证明了单层神经网络具有有限的功能,甚至在面对简单的"异或"逻辑问题时也显得无能为力。此后很长一段时间内神经网络的研究处在低迷期,直到 1982 年美国加州理工学院的 Hopfield 提出了连续和离散的 Hopfield 神经网络模型,并采用全互联型神经网络尝试对非多项式复杂度的旅行商问题进行了求解,促使神经网络的研究再次进入了蓬勃发展时期。

Hopfield 网络是一种循环神经网络,从输出到输入有反馈连接,每个神经元有两组输入,一组是恒定的外部电流,另一组是来自其他运算放大器输出的正向或反向的反馈连接。假设第 i 个神经元内部膜电位为 $U_i(i=1,2,\cdots,n)$,细胞膜的输入电容和传递电阻分别为 C_i 和 R_i,神经元的输出电位为 V_i,外部输入电流为 I_i,并用电阻 $R_{ij}(i,j=1,2,\cdots,n)$ 来模拟第 i 个和第 j 个神经元之间的突触特性,由基尔霍夫电流定律可知,放大器输入节点处的流入电流和流出电流保持平衡,即有下式成立:

$$\sum_{j=1}^{n} \frac{V_j(t)}{R_{ij}} + I_i = C_i \frac{dU_i(t)}{dt} + \frac{U_i(t)}{R_i} \quad (i = 1, 2, \cdots, n) \tag{5-5}$$

Hopfield 提出该模型后,许多人试图对其进行进一步的扩展,以希望能够设计出更接近人脑功能特性的神经网络模型。

5.1.2　BP 神经网络

1974 年,Webors 在他的论文里提出了用于神经网络学习的 BP(Back-Propagation)算法,为多层神经网络的学习训练与实现提供了一种切实可行的解决途径;同时在 1986 年,以 Rumelhart 和 McCelland 为首的科学家小组对多层神经网络的误差反向传播算法进行了详尽的分析,进一步推动了 BP 算法的发展。BP 神经网络的拓扑结构包括输入层、隐藏层和输出层,它能够在事先不知道输入输出的具体数学表达式的情况下,通过学习来存储这种复杂的映射关系,其网络中参数的学习通常采用反向传播的策略,借助最速梯度信息来寻找使网络误差最小化的参数组合。常见的三层神经网络模型如图 5-1 所示。

各节点的传递函数 f 必须满足处处可导的条件,最常用的为 Sigmoid 函数。第 i 个神经元的净输入为 net_i,输出为 O_i,如果网络输出层第 k 个神经元的输出值为 y_k,期望输出值为 y_k^*,平方差为 e_k^2,则网络的平方型误差函数 E 为:

$$E = \frac{1}{2}\sum_{k=1}^{m} e_k^2 = \frac{1}{2}\sum_{k=1}^{m}(y_k - y_k^*)^2 \tag{5-6}$$

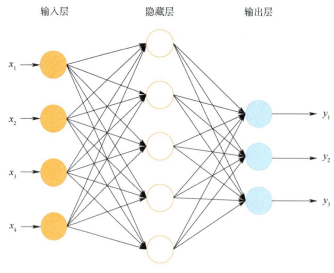

图 5-1 三层神经网络模型

由于 BP 算法按照误差函数 E 的负梯度修改权值,权值 w 的更新公式可表示为:

$$w^{t+1} = w^t + \Delta w^t = w^t - \eta g^t \tag{5-7}$$

式中,t 代表迭代次数;η 为修正系数;$g^t = \left.\dfrac{\partial E}{\partial t}\right|_{w=w^t}$。

BP 算法的误差反向传播思想可以概括为:利用输出层的误差来估计出其直接前导层的误差,再借助这个新的误差来计算更前一层的误差,按照这样的方式逐层反向传播下去便可以得到所有层的误差估计。BP 算法的提出在一定程度上解决了多层网络参数训练难的问题,但是其自身也存在如下一些问题。首先,误差在反向传播过程中会逐渐衰减,经过多层的传递后将会变得很小,这使得 BP 算法在深层网络中并不可行;其次,BP 算法采用最速梯度下降的优化思想,而实际问题的误差函数通常不是凸函数,因此存在众多局部极小值点,算法很难得到最优解;再次,由于训练过程中依靠导数信息来进行权值的调整,当权值调节过大时会使大部分神经元的加权和过大,致使传递函数工作于 S 型函数的饱和区,所以权值的调整会出现停顿的情况;最后,对于一些复杂网络的优化问题,BP 算法受到学习速率的限制需要花费几个小时,甚至需要更长的时间来完成训练任务。1989 年,Cybenko、Funahashi、Hornik 等人相继对 BP 神经网络的非线性函数逼近性能进行了分析,并证明了具有单隐藏层、传递函数为 sigmoid 的连续型前馈神经网络可以以任意精度逼近任何复杂的连续映射。研究结果显示,当隐藏层神经元的个数足够多时,BP 神经网络就能够保证对复杂连续映射关系的刻画能力,该研究具有重要的理论和现实指导意义。

5.2 支持向量机模型

支持向量机(Support Vector Machine,SVM)是一个经典的二分类算法,其找到的分割超平面具有更好的鲁棒性,因此广泛使用在很多任务上,并表现出了很强的优势。

给定一个二分类器数据集 $D = \{(x^{(n)}, y^{(n)})\}_{n=1}^{N}$,其中 $y_n = \in \{+1, -1\}$,如果两类样本是线性可分的,即存在一个超平面:

$$\omega^T x + b = 0 \tag{5-8}$$

将两类样本分开,每个样本都有 $y^{(n)}(\omega^T x^{(n)} + b) > 0$。

数据集 D 中每个样本 $x^{(n)}$ 到分割超平面距离为:$\gamma^{(n)} = \frac{|\omega^T x^n + b|}{\omega} = \frac{y^n(\omega^T x^n + b)}{\omega}$,我们定义间隔 γ 为整个数据集 D 中所有样本分割超平面的最短距离:$\gamma = \min\limits_{1 \leqslant n \leqslant N} \gamma^{(n)}$。如果间隔 γ 越大,其分割超平面对两个数据集的划分越稳定,不易受噪声等因素影响。支持向量机模型的目标是寻找一个超平面 (ω^*, b^*) 使得 γ 最大,即:

$$\max_{\omega, b} \gamma$$
$$s.t. \frac{y^n(\omega^T x^{(n)} + b)}{\|\omega\|} \geqslant \gamma \quad (\forall n \in \{1, \cdots, N\}) \tag{5-9}$$

由于同时缩放 $\omega \to k\omega$ 和 $b \to kb$ 不会改变样本 $x^{(n)}$ 到分割超平面的距离,我们可以限制 $\|\omega\| \cdot \gamma = 1$,则公式(5-9)等价于:

$$\max_{\omega, b} \frac{1}{\|\omega\|^2}$$
$$s.t. \ y^{(n)}(\omega^T x^{(n)} + b) \geqslant 1 \quad (\forall n \in \{1, \cdots, N\}) \tag{5-10}$$

数据集中所有满足 $y^{(n)}(\omega^T x^{(n)} + b) = 1$ 的样本点,都称为支持向量(Support Vector)。对于一个线性可分的数据集,其分割超平面有很多个,但是间隔最大的超平面是唯一的。

5.2.1 参数学习

为了找到最大间隔分割超平面,将公式(5-11)的目标函数写为凸优化问题:

$$\min_{\omega, b} \frac{1}{2} \|\omega\|^2$$
$$s.t. \ 1 - y^{(n)}(\omega^T x^{(n)} + b) \leqslant 0 \quad (\forall n \in \{1, \cdots, N\}) \tag{5-11}$$

使用拉格朗日乘数法,公式(5-12)的拉格朗日函数为:

$$\Lambda(\omega, b, \lambda) = \frac{1}{2} \|\omega\|^2 + \sum_{n=1}^{N} \lambda_n [1 - y^{(n)}(\omega^T x^{(n)} + b)] \tag{5-12}$$

式中,$\lambda_1 \geqslant 0, \cdots, \lambda_N \geqslant 0$ 为拉格朗日乘数,计算 $\Lambda(\omega, b, \lambda)$ 关于 ω 和 b 的导数,并令其等于 0,得到:

$$\omega = \sum_{n=1}^{N} \lambda_n y^n x^n \tag{5-13}$$

$$0 = \sum_{n=1}^{N} \lambda_n y^n \tag{5-14}$$

将公式(5-13)代入公式(5-12),利用公式(5-14),得到拉格朗日对偶函数:

$$\Gamma(\lambda) = -\frac{1}{2} \sum_{n=1}^{N} \sum_{m=1}^{N} \lambda_m \lambda_n y^{(m)} y^{(n)} (x^m)^T x^{(n)} + \sum_{n=1}^{N} \lambda_n \tag{5-15}$$

支持向量机的主优化问题为凸优化问题,满足强对偶性,即主优化问题可以通过最大化

对偶函数 $\max_{\lambda \geqslant 0} \Gamma(\lambda)$ 来求解。对偶函数 $\Gamma(\lambda)$ 是一个凹函数,因此最大化对于偶函数是一个凸优化问题,可以通过多种凸优化方法来进行求解,得到拉格朗日乘数的最优值 λ^*。但由于其约束调价的数量为训练样本数量,一般的优化方法代价比较高,因此实践中通常采用比较高效的优化方法,比如序列最小优化(Sequential Minimal Optimization,SMO)算法等。

根据 KKT 条件中的互补松弛条件,最优解满足 $\lambda_n^*[1 - y^n(\omega^{*T}x^n + b^*)] = 0$。如果样本 $x^{(n)}$ 不在约束边界上,$\lambda_n^* = 0$,其约束失效;如果样本 $x^{(n)}$ 在约束边界上,$\lambda_n^* \geqslant 0$。在这些约束边界上的样本点称为支持向量(Support Vector),即离决策平面距离最近的点。

在计算出 λ^* 后,根据公式(5-13)计算出最优权重 ω^*,最优偏置 b^* 可以通过任选一个支持向量 $(\tilde{x}, \tilde{y})$ 计算得到:

$$b^* = \tilde{y} - \omega^{*T}\tilde{x} \tag{5-16}$$

最优参数的支持向量机的决策函数为:

$$f(x) = sgn(\omega^{*T} + b^*)$$
$$= sgn\left(\sum_{n=1}^{N} \lambda_n^* y^{(n)} (x^{(n)})^T x + b^*\right) \tag{5-17}$$

支持向量机的决策函数只依赖于 $\lambda_n^* > 0$ 的样本点,即支持向量。

支持向量机的目标函数可以通过 SMO 等优化方法得到全局的最优解,因此比其他分类的学习效率更高。此外,支持向量机的决策函数只依赖于支持向量,与训练样本总数无关,分类速度比较快。

5.2.2 核函数

支持向量机还有一个重要的优点是可以使用核函数(Kernel Function)隐式地将样本从原始特征空间映射到更高维的空间,并解决原始特征空间中的线性不可分问题。比如在一个变换后的特征空间 Φ 中,支持向量机的决策函数为:

$$f(x) = sgn(\omega^{*T}\Phi(x) + b^*) = sgn\left(\sum_{n=1}^{N} \lambda_n^* y^{(n)} k(x^{(n)}, x)x + b^*\right) \tag{5-18}$$

式中,$k(x,z) = \Phi(x)^T \Phi(z)$ 为核函数。通常我们不需要显式地给出 $\Phi(x)$ 的具体形式,可以通过核技巧(Kernel Trick)来构造。比如以 $x, z \in R^2$ 为例,我们可以构造一个核函数:

$$k(x,z) = (1 + x^T z)^2 = \Phi(x)^T \Phi(z) \tag{5-19}$$

隐式地计算 x, z 在特征空间 Φ 中的内积,其中:

$$\Phi(x) = (1, \sqrt{2}x_1, \sqrt{2}x_2, \sqrt{2}x_1 x_2, x_1^2, x_2^2)^T \tag{5-20}$$

5.2.3 软间隔

在支持向量机的优化问题中,约束条件比较严格。如果训练集中的样本在特征空间中不是线性可分的,就无法找到最优解。为了能够容忍部分不满足约束的样本,我们可以引入松弛变量(Slack Variable)θ,将优化问题变为:

$$\min_{\omega,b} \frac{1}{2}\|\omega\|^2 + C\sum_{n=1}^{N} \theta_n \qquad (5\text{-}21)$$

$$s.t.\ 1 - y^{(n)}(\omega^T x^{(n)} + b) - \theta_n \leq 0 \quad (\forall_n \in \{1,\cdots,N\})$$

$$\theta_n \geq 0 \quad (\forall_n \in \{1,\cdots,N\})$$

其中,参数 $C>0$ 用来控制间隔和松弛变量惩罚的平衡。引入松弛变量的间隔称为软间隔(Soft Margin)。公式(5-16)也可以表示为经验风险+正则化项的形式:

$$\min_{\omega,b} \sum_{n=1}^{N} \max[0, 1 - y^{(n)}(\omega^T x^{(n)} + b)] + \frac{1}{2C}\|\omega\|^2 \qquad (5\text{-}22)$$

其中,可以把 $\max[0, 1 - y^{(n)}(\omega^T x^{(n)} + b)]$ 看作损失函数,称为 Hinge 损失函数(Hinge Loss Function),把 $\frac{1}{2C}\|\omega\|^2$ 看作正则化项,$\frac{1}{C}$ 是正则化系数。

软间隔支持向量机的参数学习和原始支持向量机类似,其最终决策函数也只和支持向量有关,即满足 $1 - y^{(n)}(\omega^T x^{(n)} + b) - \theta_n = 0$ 的样本。

5.3 多元线性回归模型

多元线性回归模型可以用来分析多个自变量与一个因变量的关系,同时获得多个自变量对因变量影响的重要程度。控制了一个或多个额外变量后,可以分析一个或多个自变量与一个因变量的关系,也可以分析从多个自变量中选出对因变量影响最大的一些自变量。实际应用中,一种现象常常是与多个因素相联系的,由多个自变量的最优组合共同来预测因变量,比只用一个自变量进行预测更有效,且更符合实际。总的来说,多元线性回归分析用来做预测要比一元线性回归更加高效实用。

5.3.1 模型建立

一元线性回归具体为一个主要影响因素作为自变量来解释因变量的变化,但是在现实问题研究中,因变量的变化往往受几个重要因素的影响,此时就需要用两个或两个以上的影响因素作为自变量来解释因变量的变化,这就是多元线性回归。当多个自变量与因变量之间是线性关系时,所进行的回归分析就是多元线性回归。在实际问题中,往往会有多个因素影响最后的结果 y,y 与自变量 $x_1, x_2, x_3, \cdots, x_p$ 之间存在着线性关系,基本形式如下:

$$\begin{cases} y = \beta_0 + \beta_1 x_1 + \beta_2 x_2 + \cdots + \beta_p x_p + \varepsilon \\ E_\varepsilon = 0, D_{(\varepsilon)} = \sigma^2 \end{cases} \qquad (5\text{-}23)$$

式中,$\beta_0, \beta_1, \beta_2, \cdots, \beta_p$ 是回归系数; $x_1, x_2, x_3, \cdots, x_p$ 是 p 个可以精确测量或控制的变量及回归因子; ε 是误差项,随机误差满足:

$$E_\varepsilon = 0, D_{(\varepsilon)} = \sigma^2 < \infty \qquad (5\text{-}24)$$

一般地,我们称由公式(5-23)和公式(5-24)确定的模型为多元线性回归模型,当 $x_1, x_2, \cdots, x_p$ 取不全相同的 i 组值时,则样本表达形式为:

$$\begin{cases} y_i = \beta_0 + \beta_1 x_{i1} + \beta_2 x_{i2} + \cdots + \beta_p x_{ip} + \varepsilon_i \\ E_\varepsilon = 0, D_{(\varepsilon)} = \sigma^2 \end{cases} \quad (5\text{-}25)$$

矩阵表达形式为：

$$\begin{cases} Y = X\beta + \varepsilon \\ \varepsilon \to N_n(o, \sigma^2 I_n) \end{cases} \quad (5\text{-}26)$$

具体处理步骤为：

(1)首先根据公式(5-27)计算各变量的平均值：

$$\bar{x}_i = \frac{1}{n}\sum_{t=1}^n x_{ti},\ \bar{y}_i = \frac{1}{n}\sum_{t=1}^n y_t \quad (5\text{-}27)$$

(2)根据公式(5-28)和公式(5-29)和计算出矩阵L_{ij}和矩阵L_{iy}：

$$L_{ij} = \sum_{t=1}^n x_{ti} - \bar{x}_i x_{tj} - \bar{x}_j \quad (i,j = 1,2,\cdots,p) \quad (5\text{-}28)$$

$$L_{iy} = \sum_{t=1}^n x_{ti} - \bar{x}_i y_t - \bar{y} \quad (i,j = 1,2,\cdots,p) \quad (5\text{-}29)$$

(3)根据公式(5-30)求出回归系数的估计值：

$$\begin{pmatrix} \beta_1 \\ \cdots \\ \beta_p \end{pmatrix} = L_{ij}^{-1} L_{iy}, \beta_0 = \bar{y} - \bar{x}_1\beta_1 - \bar{x}_2\beta_2 - \cdots - \bar{x}_p\beta_p \quad (5\text{-}30)$$

即可求出回归模型：

$$y = \beta_0 + \beta_1 x_1 + \beta_2 x_2 + \cdots + \beta_p x_p + \varepsilon \quad (5\text{-}31)$$

5.3.2 模型检验

(1) F 检验

对于多元线性回归模型，在对每个回归系数进行显著性检验之前，应该对回归模型的整体做显著性检验，也就是当我们想要测定多元自变量是否整体与因变量线性相关时，就需要 F 检验。

当检验被解释变量 y_t 与一组解释变量 $x_1, x_2, \cdots, x_{k-1}$ 是否存在回归关系时，给出的零假设与备择假设分别是 $H_0: b_1 = b_2 = \cdots = b_k = 0, H_1: b_j, j = 1, \cdots, k-1$ 不全为零。

记回归平方和： $\qquad \text{SSE} = \sum_{i=1}^n (y_i - \bar{y})^2$

剩余平方和： $\qquad \text{SSR} = \sum_{i=1}^n (y_i - y_i)^2$

总离差平方和： $\qquad \text{SST} = \sum_{i=1}^n (y_i - \bar{y})^2$

由定义和计算总离差平方和总能被分解为：

$$SST = \sum_{i=1}^{n}(y_i - \bar{y})^2$$

$$= \sum_{i=1}^{n}(y_i - \hat{y}_i + \hat{y}_i - \bar{y})^2$$

$$= \sum_{i=1}^{n}(y_i - \hat{y}_i)^2 + \sum_{i=1}^{n}(\hat{y}_i - \bar{y})^2 + 2\sum_{i=1}^{n}(y_i - \hat{y}_i)(\hat{y}_i - \bar{y})$$

$$= \sum_{i=1}^{n}(\hat{y}_i - \bar{y})^2 + \sum_{i=1}^{n}(y_i - \hat{y}_i)^2$$

即 SST = SSE + SSR，

可以证明，SSE 和 SSR 相互独立，当 H_0 成立时，有：

$$F = \frac{SSR/k}{SSE/(n-k-1)} = \frac{\sum_{i=1}^{n}(\hat{y}_i - \bar{y})^2/k}{\sum_{i=1}^{n}(y_i - \hat{y}_i)^2/(n-k-1)} \sim F(k, n-k-1) \quad (5-32)$$

给定显著性水平 α，根据 F 分布表中自由度为 $k-1$ 和 $n-k$ 的临界值 $F_\alpha(k, n-k-1)$，并计算 F 值。如果计算的 F 值大于临界值，说明回归模型有显著意义，即所有的解释变量联合起来对 y 有显著影响；如果计算的 F 值小于临界值，说明回归模型没有显著意义，即所有的解释变量联合起来对 y 没有显著影响。

(2) t 检验

t 检验即对单个回归系数的显著性检验，给出的假设为：

$$H_0: b_j = 0, H_1: b_j \neq 0 \quad (j = 1, \cdots, k)$$

根据样本数据，计算：

$$t = \frac{\hat{b}_j}{s(\hat{b}_j)} \quad (5-33)$$

在 H_0 成立条件下，

$$t = \frac{\hat{b}_j - b_j}{s(\hat{b}_j)} \sim t(n-k-1) \quad (5-34)$$

给定显著性水平 α，查 t 分布表中自由度为 $n-k-1$ 的临界值 $t_{\alpha/2}(k, n-k-1)$，若 $|t| \geq t_{\alpha/2}(k, n-k-1)$，则拒绝 $H_0: b_j = 0$，接受 $H_1: b_j \neq 0$，也就是说在其他解释变量不变的情况下，解释变量 x_i 对因变量 y 的影响是显著的。反之，若 $|t| < t_{\alpha/2}(k, n-k-1)$，则接受 $H_0: b_j = 0$，也就是说在其他解释变量不变的情况下，解释变量 x_i 对因变量 y 的影响是不显著的。

(3) 拟合优度检验

$$R^2 = \frac{SST - SSR}{SST} = 1 - \frac{SSR}{SST} \quad (5-35)$$

R^2 为整体回归方程拟合优度检验，说明了方程的拟合好坏。若 R^2 过大，在拟合优度很好的情况下，可能存在多重共线性，而多重共线性便是多元回归模型产生误差的主要原因。整体回归方程拟合优度检验，R^2 的结果越接近于 1 越好，但是 R^2 会因变量增加而增大，所以

引进了调整 R^2 检验,避免受变量增加对 R^2 的影响。

在进行多元线性回归时,常用到的是 F 检验和 t 检验,F 检验是用来检验整体方程系数是否显著异于 0,如果 F 检验的 p 值小于 0.05,就说明整体回归是显著的。然后再看各个系数的显著性,也就是 t 检验,常用的显著性水平为 0.05,如果 t 值大于 2 或 p 值小于 0.05,则说明该变量前面的系数显著不为 0,选的这个变量是有效的。

本章参考文献

[1] 焦李成,杨淑媛,刘芳,等. 神经网络七十年:回顾与展望[J]. 计算机学报,2016,39(8):1697-1716.

[2] 周政. BP 神经网络的发展现状综述[J]. 山西电子技术,2008(2):90-92.

[3] 陈流豪. 神经网络 BP 算法研究综述[J]. 电脑知识与技术,2010,6(36):10364-10365.

[4] 刘建伟,宋志妍. 循环神经网络研究综述[J]. 控制与决策,2022,37(11):2753-2768.

[5] 邱锡鹏. 神经网络与深度学习[M]. 北京:机械工业出版社,2020.

[6] 邓乃扬,田英杰. 支持向量机:理论、算法与拓展[M]. 北京:科学出版社,2009.

[7] SCHOLKOPF B, SMOLA A J. Learning with kernels: support vevtor machines, regularization, optimization, and beyond [M]. Massachusetts:MIT press,2003.

[8] 陈仲堂,赵德平,李彦平,等. 数理统计[M]. 北京:国防工业出版社,2014.

[9] 傅莺莺,田振坤,李裕梅. 多元回归的参数线性约束检验及其应用[J]. 统计与决策,2020,36(2):21-24.

[10] 武萍,吴毅贤. 回归分析[M]. 北京:清华大学出版社,2016.

下篇 系统篇

第6章
公路工程智慧工地项目资料管理信息系统

6.1 系统概述

随着全球信息技术持续迅猛发展,信息技术创新正在以更快速度、更广范围、更深程度地引发新一轮的科技革命和产业革命。互联网、物联网、云计算、大数据、人工智能等技术驱动社会从人人互联向万物互联演进,数字化、网络化、智能化服务将无处不在。为满足经济增长与社会发展需求,公路工程项目正面临新一轮的建设高潮,提升公路工程智慧工地项目资料信息化水平对加强公路工程建设管理水平,有效实施公路工程建设进度、质量和投资控制,以及实现公路工程全面发展具有重要的现实意义。公路工程项目技术标准高、投资金额大、质量要求高、建设难度大,因此对公路工程项目实行信息化资料管理迫在眉睫。随着信息技术的快速发展,信息化已进入全面渗透、跨界融合、加速创新、引领发展的新阶段。现实世界和数字世界日益交汇融合,全球治理体系面临深刻变革。信息化已成为经济与社会发展的重要驱动力,加快信息化发展,建设数字国家已成为全球共识。与此同时,现代科学技术的高速发展给工程建设也带来了根本性的变革。现代化的工程,日益宏大的规模,越来越高的科技集成度,错综复杂的生产关系,特别是在市场经济环境下,工程项目牵涉到社会的各个层面,在这种现实条件下,工程项目也必须有革命性的变革,而利用计算机技术进行工程项目信息的管理,已经成为现代工程建设管理的重要特征。

在公路工程项目中,传统的数据收集大多采用人工收集方式。其收集周期过长,数据不能及时更新,易造成人为因素的数据丢失损坏;并且传统数据表的设计并没有考虑数据间的内部联系,易造成数据表重复设计,资源浪费。为了提高公路工程项目资料管理的信息化水平,构建并开发了公路工程智慧工地项目资料管理信息系统。根据相应工程规范建立样表,资料管理人员可以快速便捷地填报公路工程智慧工地项目在立项、勘察设计、施工、监理和竣工验收等过程中形成的各种工程项目资料,实现公路工程智慧工地项目资料数据的信息化和数字化收集,达到公路工程智慧工地项目资料高效管理的目的。

公路工程智慧工地项目资料管理信息系统由两个子系统构成,分别是公路工程智慧工地项目资料收集系统和公路工程智慧工地项目资料管理系统。

公路工程智慧工地项目资料收集系统:主要包括建设管理资料收集、勘察设计资料收集、施工资料收集、监理资料收集等,并实现资料的添加、查看、删除、资料输出等资料收集。

公路工程智慧工地项目资料管理系统:主要包括项目工程信息添加,建设单位信息、监理单位信息、施工单位信息、设计单位信息和委托单位信息添加,以及后台用户信息管理等功能。

如今大多数企业都面临着一个共同的问题,就是怎样将管理技术和信息化技术相结合,让企业的项目管理制度能够更好地与互联网融合,这是目前企业亟须解决的关键问题。公路工程智慧工地项目资料管理信息系统的开发就是为了解决该问题。随着我国公路运输业的发展,每年投入基建、养护维护及更新改造的工程也呈现逐年递增的趋势。然而,随着工程项目业务量的与日俱增和管理标准的不断提高,现有的项目资料管理方式已经不再适应工程项目资料及数据的管理。工程项目资料是工程质量的真实反映,同样也是一个企业的基本脉络。公路工程智慧工地项目资料管理信息系统是一个由人、计算机和管理规章制度构成的,能进行工程项目信息收集、加工、传递、存储、维护和使用的系统。该系统可对工程项目进度进行全过程的监督,能利用过去的信息预测未来的状况,并有助于优化业务流程、提高信息化管控水平以及从全局出发辅助决策。因此,实现工程项目资料信息化管理势在必行,公路工程智慧工地项目资料管理信息系统具有广阔的应用前景。

6.1.1 系统需求分析

如今许多施工文件的构建都使用基于纸张的方法,一旦文件构建完成,纸张也将被存档且无法使用,因此具有相对较低的实用价值。借助可视化技术,文档管理是将文档连接到网页上进行操作。公路工程智慧工地项目资料收集系统和公路工程智慧工地项目资料管理系统包括搜索、浏览、修改和新增文档等功能。另外,许多操作都基于可视化模型,大大改善了数据获取的主观性,并直接影响了数据利用的效率。工程项目完成后,可以形成一个相对完整的数据库,方便管理人员更快地查找和定位相关项目信息。

文档的类型和内容主要包括:①设计变更信息、图纸及勘察报告;②会议记录,施工中的签证、照片、声像和技术核定单;③施工设备信息及施工的记录档案;④建筑和造价资料等相关信息。

在公路工程智慧工地项目资料收集系统中,通过不同验收标准进行分类收集,建立不同标准的子目录,使表和表之间相互关联。各个项目负责人在系统中填写信息时,更加清晰明了。根据已有的工程项目信息,相关人员可以在系统中根据资料信息执行增加新的表内记录、删除错误的表内信息、修改已有的表单以及查看已有的表单等操作。

在公路工程智慧工地项目资料管理系统中,通过分析用户需求,考虑是否需要新建用户,实现用户的分级管理。各单位负责各自的资料模块,编辑表单信息。在登录时,各个单位去登录各自对应的用户账号,对其单位涉及的表单进行增、删、改、查。

设计公路工程智慧工地项目资料管理信息系统时,需要做到以下几个方面:

(1)信息价值的充分发掘

创建有效的资料信息及对现有信息的深度管理是该系统的核心任务,通过信息共享实现各参与方之间的协同工作也是重要任务之一,施工资料管理信息具有流动性、复杂性的特点,也使得信息的共享与同步成为系统的关键要求。

(2)应用程序模块化

在系统模型的实现构建中,各种施工资料管理要素的应用需要保持独立,如进度管理、成本管理、质量管理、合同管理、物料管理等,各要素之间单独工作,保证有条不紊。

(3)资料信息安全管理

项目参与方的各层管理人员组成该模型系统的用户层,信息资料的安全管理成为该设计的重要考虑内容,包括数据的上传和下载记录、浏览记录。

(4)系统设计原则

公路工程智慧工地项目资料管理信息系统以公路工程智慧工地项目实际的资料收集与管理流程为核心设计思想,通过项目资料的种类划分功能模块,使系统更加规范化和便捷化。

(5)数据规划原则

在进行数据规划时,为了更合理地设计数据表及数据库,要充分挖掘数据之间的内部关联,避免数据冗余,减少数据表的重复设计,节省资源。

在工程项目的全周期中,数据量巨大且复杂,传统人工数据采集方式单一且费时费力;数据从一个固定的客户终端上传,数据的更新时间间隔比较长。为了克服上述缺点,依据工程项目资料的来源,开发公路工程智慧工地项目资料管理信息系统,实现工程项目资料的高效收集和科学管理。

在考虑到以上功能的基础上,该系统在设计中还遵从了以下非功能性原则:

(1)实用性原则

系统设计应采用当前主流设计软件,需具有新颖和先进性,以先进的理论为支撑,同时注重系统的实用性,将抽象复杂的资料信息融合进系统中。通过系统功能开发,可减少施工信息采集、材料使用等工作量,并且在功能开发完成后,可以持续地保存信息。

(2)安全性原则

系统的安全性是保障系统运行的前提,公路工程智慧工地项目资料收集系统和公路工程智慧工地项目资料管理系统是在对施工现场大量数据监测管理的基础上实现具体功能的系统,其对数据的真实、准确、可靠性要求较高,所以要保证系统的安全性,以防数据被篡改、删除、破坏和泄密。公路工程智慧工地项目资料收集系统设置了用户管理模块,具有用户注册、登录、注销、更改等功能,能够很好地保障系统的安全性。

(3)标准性原则

系统在设计时应该考虑后续的兼容性和系统升级,为了保证系统的对外兼容性,避免后续升级维护带来的麻烦,保证系统可持续作业,应采用行业规范标准对软硬件进行设计和数据采集、保证接口规范化。

(4)可扩展性原则

系统的后续完善是在设计时需要考虑的内容,公路工程智慧工地项目资料收集系统在涉及后续开发时,还需要加入各种新表、新字段等,要结合应用的深度和范围变化不断扩展。

（5）高效稳定性原则

良好的用户体验是系统的重要需求之一，因此系统应具有高效性，在设计时应减少设计语言的冗余、避免资源浪费，以提高系统工作性能。同时要保证系统的稳定运行，提供紧急预案，以达到较强的数据处理和稳定性能。

6.1.2 系统结构设计

在工程项目建设过程中，项目建设情况可以通过施工资料被客观记录。施工资料是项目在后续建设中最为原始的档案，同时也是为后期工程进行维修、预算和决算等提供的重要依据和凭证。不同参与单位可能会使用到不同的办公管理软件，可能会导致相关资料的传递效率低。借助纸质的形式完成传递，需要在资料管理过程中把标准化的电子资料信息纳入管理流程里，根据提供的账号密码，不同参与方的人员可以登录后台。资料管理人员能够依照施工进度做好资料记录工作和跟进工作等。基于完善的管理机制，人员按照系统提示进行资料的建立、检验及相关修改和存储等，发现问题可以进行实时沟通。基于可视化技术的施工电子资料管理流程如图6-1所示。

依据公路工程智慧工地项目资料收集系统的需求分析，系统是由数据服务器、资料采集设备和信息分析系统三部分组成。在工程项目现场的数据资料都要通过人工整合，再输入到系统里面，对数据进行存储与可视化，实现信息化管理和决策。

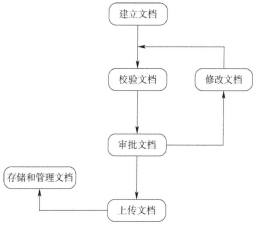

图6-1 施工资料电子系统管理过程

系统采用三层结构设计：应用层、业务逻辑层、数据层。

应用层：是结构的最顶层，由系统的使用者组成，通过使用业务逻辑层中的功能能够达到管理和控制的目的。

业务逻辑层：位于结构体系中间层，是系统结构体系中的核心部分，可以与数据层交互，主要针对数据层进行操作，注重系统中各个功能之间的逻辑联系和业务实现。在工程项目资料收集系统中，业务逻辑层以Java程序设计框架为基础，实现对数据统计分析功能、可视化展示功能的实现和连接。

数据层：是结构中的底层，负责数据的监测和存储，依托MySQL数据库对数据进行增、删、改、查等操作。数据库中数据信息主要包括工程项目所用到的材料、施工部位等基本信息，如图6-2所示。

该框架结构在硬件设备及云端服务器支撑的前提下，通过数据库软件与编程软件的紧密结合对采集数据进行分析处理，实时分析各个资料所需要的字段并进行识别，使管理部门能够及时准确地了解施工现场状况和施工进度。

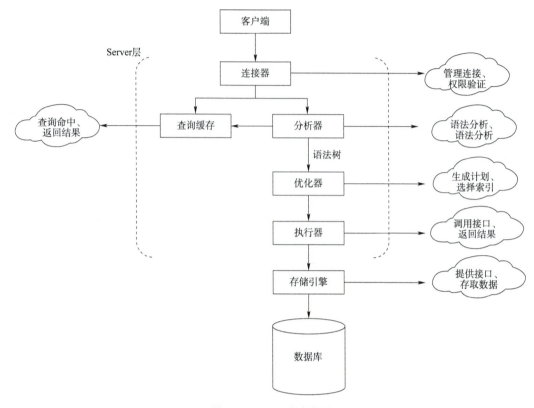

图 6-2　MySQL 逻辑架构图

6.1.3　系统开发环境

公路工程智慧工地项目资料收集系统和公路工程智慧工地项目资料管理系统开发根据不同功能分为网页开发和系统开发，两者需要实现不同的功能，网页开发需要考虑到系统的美观性及布局，系统开发则需要考虑到安全性等因素。

此次开发系统采用的 Windows 系统，其具有向后兼容性、广泛的外围兼容性、多显示器支持、多任务处理等特点，其优点在于有很好的可管理性，系统维护难度较小。

按照开发环境的搭建流程，首先需要借助 Windows 的驱动，安装 Web 服务器，完成服务器的搭建用于发布系统。

该系统基于 Spring Boot 框架研发，应用 MySQL 数据库，采用 B/S 系统体系架构，使用 Java、HTML、JavaScript、CSS 等技术开发而成，测试可以成功运行后完成网页发布，具体如图 6-3 所示。

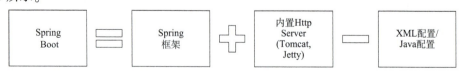

图 6-3　基本框架

JavaScript 是一种属于网络的高级脚本语言,已经被广泛用于 Web 应用开发,常用来为管理添加各式各样的动态功能,为用户提供更流畅美观的浏览效果。通常 JavaScript 脚本是通过嵌入在 HTML 中来实现自身的功能。DIV+CSS 是网站标准中常用的术语之一,在 HTML 网站设计标准中,不再使用表格定位技术,而是采用 DIV+CSS 的方式实现定位。

CSS 技术在超文本标记语言的基础上使得网页的格式化模式更为强大,这是一种样式表技术,可以有效地对系统整体排版及各个界面的布局、字体、颜色、背景和其他效果实现更加精确的控制。这是一种结构与样式分离的方式,便于进行后期的维护和改版。

B/S(Browser/Server)结构模式包含两部分的内容,即浏览器和应用服务器结构模型。系统应用服务发布到服务器上,分布性强;可同时满足大量用户登录使用,维护方便;增加分支机构也不会增加维护升级的工作量,所有操作只需要针对服务器进行,系统拓展性强;方便后续升级,添加新功能。用户可以通过浏览器对应用系统进行访问,将应用程序和数据库部署到服务器上能够减轻客户端的负载,服务器性能较高且安全防护体系完善,能够保障系统的稳定性和数据的安全性,具体如图 6-4 所示。

图 6-4 B/S 系统体系架构

Java 是一门面向对象的编程语言,不仅吸收了 C++语言的优点,还摒弃了 C++中难以理解的多继承、指针等概念,因此 Java 语言具有功能强大和简单易用两个特征。Java 语言作为静态面向对象编程语言的代表,极好地实现了面向对象理论,允许程序员以优雅的思维方式进行复杂的编程。项目开发过程中,能够提高开发效率,创建更为稳定的程序,减少代码重复编写,这是将不同 Web 系统开发过程中的共性、通用部分功能进行抽象,进而形成开发 Web 程序的基本结构。

通过以上研究,采用 B/S 架构、Java 语言,并利用数据库技术构建公路工程智慧工地项目资料管理信息系统。该系统可提供强大的资料收集与管理功能,完善后可实现建设单位、施工单位、监理单位等单位的项目资料更新,具有实用性和可操作性,有助于实现工程项目资料信息化,为管理者的决策提供建设性意见。

6.2 系统功能设计

系统功能是在满足需求分析和结构设计的基础上设计的,是系统开发中十分重要的环节。系统的结构决定了系统各功能的完整程度,从系统的需求分析得知,公路工程智慧工地项目资料管理信息系统的开发需要注重协调各个功能模块,在存储器做好资料分类工作,提升系统的工作效率,使不同单位的资料收集效率更高,做到资源不重复,在保证完整性的同时提升效率。在充分考虑各模块之间有效衔接的基础上,得到公路工程智慧工地项目资料管理信息系统总体功能设计。公路工程智慧工地项目资料管理系统和公路工程智慧工地项目资料收集系统的功能设计分别如图 6-5 和图 6-6 所示。

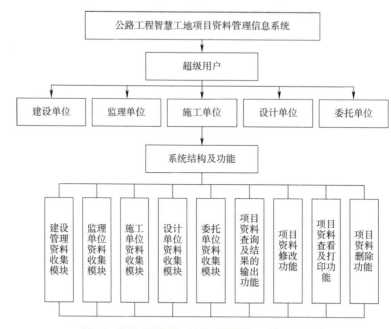

图 6-5　公路工程智慧工地项目资料管理系统功能设计

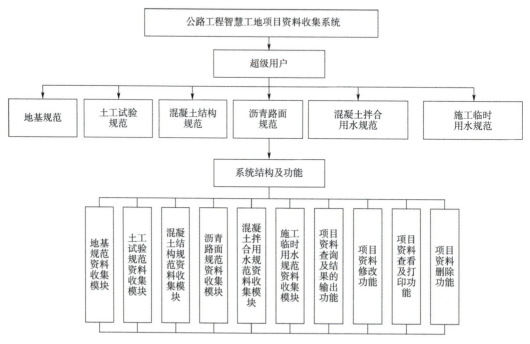

图 6-6　公路工程智慧工地项目资料收集系统功能设计

6.3 数据库设计

随着互联网与大数据时代到来,越来越多的数据产生,对这些数据进行管理有利于掌握行业规律,推动行业发展。数据库就是应用于大量数据的存储和管理,其类型众多,包括层次数据库、网状数据库、关系型数据库和非关系型数据库,当前主流的数据库为关系型数据库。关系型数据库是通过数据表的形式对数据进行结构化管理,其稳定性和可靠性较高,且易于查询,常用的关系型数据库包括 Microsoft Access、Oracle、MySQL、SQL Server 等。

(1)数据库选型

MySQL 是一种关系型数据库管理系统,关系数据库将数据保存在不同的表中,而不是将所有数据放在一个大仓库内,这样不仅提升了速度还提高了灵活性。MySQL 所使用的 SQL 语言是用于访问数据库最常用的标准化语言。MySQL 软件采用了双授权政策,分为社区版和商业版,由于其体积小、速度快、总体拥有成本低,尤其是开放源码这一特点,一般中小型和大型网站的开发都选择 MySQL 作为网站数据库。

与 Oracle、DB2、SQL Server 等大型数据库相比,MySQL 虽有不足之处,但它受欢迎的程度丝毫没有因此减少。对一般的个人使用者和中小型企业来说,MySQL 提供的功能已经绰绰有余,并且 MySQL 是开放源码软件,因此可以大大降低总体拥有的成本。

MySQL 使用 C 和 C++ 语言编写,并使用了多种编译器进行测试,保证了源代码的可移植性,可以支持多线程,充分利用 CPU 资源,优化的 SQL 查询算法,有效地提高查询速度。它既能够作为一个单独的应用程序应用在客户端服务器网络环境中,也能够作为一个库嵌入到其他的软件中,而且很重要的一点是,它可以支持处理拥有上千万条记录的大型数据库。

本系统采用的数据库是 MySQL 数据库,作为当下最流行的开放源码数据库,其体积小、速度快且成本低,获得个人和中小企业的一致好评。对于 Web 开发,MySQL 数据库可以很好地与 Java 结合使用,是最好的数据库管理系统之一。本文使用的 Xampp 建站集成软件包中集成了 Apache 服务器、MySQL 数据库,可以快速高效地进行 Web 网页搭建,为系统开发创造便利条件。应用服务器的组成如图 6-7 所示。

(2)数据表设计

数据表的设计主要目的是促进数据集成和共享。施工文件管理中包含的信息不仅包括此阶段的信息和数据,还包括设计阶段生成的信息。信息的类型更加复杂,并且来自许多方面,例如原材料,设备,施工进度和成本控制等数据信息。而且,如此大量的数据信息需要设计一种很方便、可以处理大量数据的系统来执行集成管理和存储。公路工程智慧工地项目资料管理信息系统的设计一般包含 3 个系统层,分别是数据服务层、功能平台层和可扩展应用层。首先,需要搭建其数据层,通过 MySQL 数据库去设计采集表的样式(需填写的信息,所需要的字段),在设计好采集表的样式之后,可对其进行二次开发,对程序本身文档、元素进行操作,实现工程建设和工程信息资料的技术关联。其次,以此为基础,建立系统功能层,因为不同主体需求不同,要采用预期相对应的管理系统,反映出施工资料管理在各个不同方面所呈现出的应用需求。系统功能层最重要的目标就是要让子系统的目标得到实现。可扩展应用层也就是客户端,在整个系统框架中的最上层,可以由相对应级别的用户和管理者查看他们所需要的数据信息,开展相关的管理操作等。

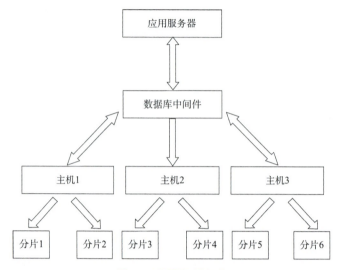

图 6-7 应用服务器组成

数据表设计能方便系统功能的应用,是数据库设计的核心,本节根据系统的需求和功能设计对用户管理、项目信息表、工程概况、建设单位情况等进行数据表设计,可以方便用户快速便捷地使用系统的功能。

用户管理属性表是针对使用系统的管理人员,主要包括用户名、密码、手机号、权限、所属部门等信息,用户管理数据是为了赋予不同用户的等级权限,确保系统的安全运行,详见表 6-1。施工单位情况属性表是为了更好地区分各个信息材料,为其做好分类,详见表 6-2。项目信息表是施工所涉及的基本项目信息,该项目是由哪个建设单位、设计单位、监理单位所参加等,有助于调阅信息时进行筛选,详见表 6-3。项目概况表是该工程的信息一览表,比如工程的开工日期、竣工日期、工程地址、负责人等信息,更方便文档归类、查看、修改,详见表 6-4。

用户管理属性表 表 6-1

名称	字段名	字段类型	允许 Null 值
序号	Id	Int	否
用户名	Name	Text	否
密码	Password	Varchar	否
手机号	PhoneNum	Int	否
权限	Permission	Text	否
所属部门	Identity	Varchar	否

施工单位情况属性表　　　　　　　　　　　　　　　　表 6-2

名称	字段名	字段类型	允许 Null 值
序号	Id	Int	否
工程名称 1	Gcmc1	Varchar	是
建设单位 1	Jsdw1	Varchar	是
施工单位	Sgdw	Varchar	否
工程名称 2	Gcmc2	Varchar	是
总监理工程师签字	Zjlgcsqz	Varchar	是
填报日期 1	Date1	Date	是
监理单位	Jldw	Varchar	是
填报日期 2	Date2	Date	是
建设单位代表签字	Jsdbqz	Varchar	是
填报日期 3	Date3	Date	是
建设单位 2	Jsdw2	Varchar	是
填报日期 4	Date4	Date	是

项目信息表　　　　　　　　　　　　　　　　表 6-3

名称	字段名	字段类型	长度
序号	Id	Int	10
工程名称	Gcmc	Varchar	20
建设单位名称	Jsdw	Varchar	20
施工单位名称	Sgdw	Varchar	20
设计单位名称	Sjdw	Varchar	20
监理单位名称	Jldw	Varchar	20
建设地点	Jsdd	Varchar	20
项目经理	Xmjl	Varchar	20
结构类型	Jglx	Varchar	20
建筑面积	Jzmj	Float	20
建设面积	Jsmj	Float	20
工程概算	Gcgs	Float	20

工程概况表 表6-4

名称	字段名	字段类型	长度
序号	Id	Int	10
工程名称	Gcmc	Varchar	20
曾用名	Zengyongming	Varchar	20
工程地址	Gcdz	Varchar	20
开工日期	Kgrq	Date	—
竣工日期	Jgrq	Date	—
施工单位名称	Sgdw	Varchar	20
设计单位名称	Sjdw	Varchar	20
监理单位名称	Jldw	Varchar	20
项目负责人	Xmfzr	Varchar	20

6.4 系统功能实现

在工地施工的过程中会产生大量的材料记录文件、施工部位进度、施工公司等，施工现场环境复杂多变，材料管理部门很难在第一时间快速地查找出所涉及的材料信息，因此开发了公路工程智慧工地项目资料收集系统和公路工程智慧工地项目资料管理系统。这两个系统能够清晰并高效地保存施工过程中涉及的资料，并且通过管理系统可以对施工涉及的单位进行分类管理，把建设单位、监理单位等分开，进行高效地管理(图6-8)。

图6-8 资料管理系统主界面

在工地施工过程中会产生大量的资料，比如施工现场材料进场、施工进度等，不同单位会产生不同的资料。在工程施工过程中会产生大量的资料，如施工现场材料进场、施工进度等，还有各个不同单位产生的资料。公路工程智慧工地项目资料收集系统主要是负责各种施工资料信息的收集，公路工程智慧工地项目资料管理系统则负责不同用户的权限管理。

通过前后台分离管理,不仅保障了系统的安全性,也为用户提供了更好的体验。

通过现有的技术手段进行资料的实时录入和更新,为了使工地施工现场信息能够保存得更加完整且直观,开发了工地建设项目资料收集系统和工地建设项目资料管理系统,有利于管理部门更好地了解施工实现的实际情况,减少人工的工作量。

6.4.1 公路工程智慧工地项目资料收集子系统

本子系统通过对公路工程建设项目资料的收集处理,对不同数据源的数据进行细致的分类分析,将杂乱无序的数据资料整合成有序状态,为公路建设标准化提供最有效的数据支持。随着工程建设项目业务量与日俱增和管理标准的不断提高,现有的资料管理方式已经不再适应建设项目资料和数据的管理。本节利用计算机技术进行工程建设信息的管理,为建设企业优化业务流程,提高信息化管控水平,同时为实现工程项目资料信息化管理提供经验和参考依据。

公路工程智慧工地项目资料收集系统主要由六个模块组成,每个模块对应不同功能,通过系统将其串联,下面详细介绍每个模块的功能:

(1)系统主界面

系统登录主界面如图6-9所示。

图6-9 公路工程智慧工地项目资料收集系统登录主界面

(2)用户登录模块

用户登录包括系统登录和数据库登录两个方面,用户可通过该模块进行注册、登录功能,通过对不同用户的权限设定提高系统及数据库的安全性,如图6-10所示。

可以通过编辑按钮对其信息进行更改、删除和添加功能,如图6-11、图6-12和图6-13所示。

(3)地基及基础工程施工验收规范收集模块

该模块完善了验收的基本规定,增加了验收时应提交的资料、验收程序、验收内容及评价标准的规定表格;细化了验槽的程序与要求;调整了分部分项工程,引入了新技术、新工艺,增加了特殊土地基基础、地下水控制和边坡等工程的验收规定,如图6-14~图6-17所示。

图 6-10　用户登录主界面

图 6-11　用户管理界面修改功能

图 6-12　用户管理界面新增功能

图 6-13　用户管理界面删除功能

图 6-14 收集系统地基模块主界面

表A.4.1 施工现场工序影像资料留存标识牌示例

图 6-15 收集系统表格的修改界面

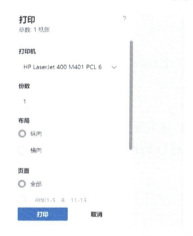

表A.4.1 施工现场工序影像资料留存标识牌示例

施工单位	
验收范围	
质检人员(姓名)	
监理人员(姓名)	
验收日期	

图 6-16 收集系统打印界面

图 6-17 收集系统删除功能

(4)土工试验方法标准收集模块

该模块为工业和民用建筑、水利水电、交通、电力等建设工程的地基土和填筑土料等方面提供了规范表格。

(5)混凝土结构工程施工规范收集模块

该模块提出了混凝土结构工程施工管理和过程控制的基本要求,提供相关混凝土结构施工规范标准文档及指导,以规范施工行为并确保工程质量。

(6)沥青路面施工和验收规范收集模块

该模块旨在使铺筑的沥青路面具备坚实、平整、稳定、耐久的特性及良好的抗滑性能,确保沥青路面的施工质量。以该模块提供的标准要求进行路面验收,可以确保达到以上目标。

(7)混凝土拌合用水标准收集模块

该模块旨在根据具体工程和标准规定提供特定的水质要求,包括水的pH值、氯离子含量、溶解性盐含量、悬浮物含量等因素。在使用地表水和地下水之前,应按本标准规定进行检验。符合国家标准的生活饮用水可以用于拌制各种混凝土。海水可用于拌制素混凝土,但不得用于拌制钢筋混凝土和预应力混凝土。有饰面要求的混凝土不应用海水拌制。

(8)施工现场临时用电安全技术标准收集模块

该模块用于确保在施工现场的用电安全,按规定每周需对用电线路进行检查,发现问题及时处理,并做好检查和维修记录。

6.4.2 公路工程智慧工地项目资料管理子系统

公路工程智慧工地项目资料管理系统主要由7个模块组成,各个模块对应不同功能,通过系统将其串联,下面详细介绍每个模块的功能。

(1)系统主界面

系统主界面为登录界面。系统登录主界面的功能主要是用户身份验证、访问权限控制、安全性和用户管理,确保只有经过授权的用户才可以访问并使用系统。系统登录界面如图6-18所示。

图6-18 公路工程智慧工地项目资料管理系统登录主界面

(2)后台用户登录模块

后台用户登录可通过该模块进行注册、登录功能,可以在此模块进行密码的重置,提高系统安全性；也可以进行添加、删除，如图6-19所示。

图6-19　公路工程智慧工地项目资料管理系统后台用户管理主界面

(3) 工程信息管理模块

工程信息管理模块：主要是对工地施工资料进行数字化管理，方便存档、修改、查看，包括项目信息、施工人员信息、施工器械信息、施工工艺等方面，如图6-20所示。

图6-20　公路工程智慧工地项目资料管理系统工程信息管理主界面

(4) 建设单位管理模块

建设单位管理模块：主要是对施工现场建设单位的资料进行数字化管理，方便存档、修改、查看，如图6-21所示。

图6-21　建设单位修改功能

(5) 监理单位管理模块

监理单位管理模块主要用于对施工现场监理单位的资料进行数字化管理，方便存档、修改、查看,如图 6-22 所示。

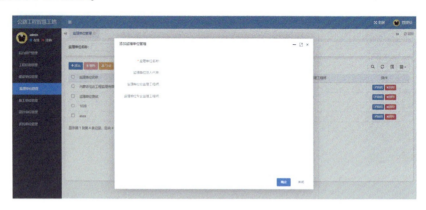

图 6-22　监理单位添加功能

(6)施工单位管理模块

施工资料收集主要用于对施工现场涉及的进场、出场等的资料进行数字化管理,方便存档、修改、查看,如图 6-23 所示。

图 6-23　施工单位删除功能

(7)设计单位管理模块

设计单位管理模块主要用于对施工现场设计单位的资料进行数字化管理,方便存档、修改、查看。

(8)委托单位管理模块

委托单位管理模块主要用于对施工现场委托单位的资料进行数字化管理,方便存档、修改、查看。

本章参考文献

[1] 欧阳效明.建筑工程项目智慧工地管理平台构建与评价研究[D].广州:广东工业大学,2022.

[2] 孙建平.建设工程质量安全风险管理[M].上海:同济大学出版社,2016.

[3] 刘伟.建筑施工项目智慧工地管理系统构建与应用研究[D].西安:长安大学,2022.

［4］覃事东,李书,刘翊.面向制造现场的工艺文件管理系统设计与实现［J］.科技创新与应用,2017(4):81-82.

［5］YANG W,LUO G,LI W. Design and implementation of work-in-process management system based on RFID technology［J］.Journal of Cleaner Production,2016,23-26.

［6］陈德良,郭零兵,胡令,等.管理信息系统理论与应用［M］.北京:人民邮电出版社,2016.

［7］解丽,程立君,石建军.测绘生产资料管理系统的设计与实现［J］.地理信息世界,2016,23(2):125-130.

［8］陈育才,叶美芬,郑贵洲.山西煤矿信息管理系统的设计与实现［J］.测绘与空间地理信息,2019,42(5):90-93.

第7章
公路工程智慧工地施工管理信息系统

7.1 系统概述

随着我国经济快速发展,公路基础设施建设规模也日益增大。公路工程施工具有造价高、投资大、点多、线长、面广、质量要求高、户外作业环境复杂等特点,因此在施工整个过程中,会产生很多工程信息,例如施工资料信息、工程量信息、施工进度信息、施工成本信息、施工质量信息等。然而,一般的施工管理系统缺乏信息共享、可视化管理、全生命周期管理等功能。

公路工程智慧工地施工管理信息系统以公路工程为基础,制作路桥线路的 GIS 地图,以公路作为线路,以桥作为点数据,将路桥抽象为网络图。然后运用 Revit 三维建模,以设计图纸为依据建立工程内桥梁的三维模型,将桥梁三维模型导出为 GIS 所需的数据源,再与 GIS 地图相结合。通过 BIM + GIS 融合技术,对公路工程施工过程中的公路、桥梁和隧道等进行涵盖施工成本、施工进度和施工质量等动态管理,从而用来指导智慧施工。公路工程智慧工地施工管理信息系统具有以下几方面特点:

(1) BIM 与 GIS 技术有机结合。综合了 BIM 模型和 GIS 数据模型的特点,既能够用于建筑工程的全生命周期管理,也可以用于大规模数据的管理、分析和可视化,是对 BIM 与 GIS 结合的一种尝试。

(2) 空间数据与属性数据融合管理。利用 GIS 数据源存储空间数据,利用 SQL Sever 数据库存储属性数据,通过空间数据模型的构件 ID 与属性数据里的属性相关联,实现了属性数据与空间数据的统一调用、分析。

(3) 三维 GIS 可视化功能。利用三维 GIS 强大的可视化特性,直观地展示了物体的表面特征和物体之间的位置关系,可进行高级三维空间分析,同时仍旧保留了二维空间分析能力。

7.1.1 系统需求分析

随着 BIM 和 GIS 技术的快速发展,运用基于 BIM + GIS 融合技术的信息管理系统进行公路工程施工管理，要求在技术上实现空间数据和属性数据的相互查询，完成三维地表模型和 BIM 模型在空间位置上的匹配，并结合二维 GIS 路线与三维道路场景，对施工信息数据进行分析计算、可视化管理、进度和成本控制等。从而为公路工程施工管理的高效化、信息化和智慧化提供平台。因此，为实现公路工程施工管理功能，系统的功能性需求主要体现在如下几方面：

(1) 施工的信息化展示

系统能够实现包括道路、桥梁、隧道等模型及施工地形的三维展示，能够以三维动态的方式演示公路工程施工的动态过程，可以全程展示公路工程施工的施工信息、施工状态、施工进度计划等内容，并也可以分项查看各部施工的过程。

(2) 施工数据的管理

系统能够实现对施工数据，包括施工图纸、施工工艺、变更登记、施工进度、施工成本、施工质量等信息的管理功能，能够随时查看这些数据，并且可以对相应的数据进行修改编辑。

(3) 数据的收集录入

系统能够将施工进度情况、施工质量的检查情况、施工成本等情况收集录入系统的数据库内，并且能够将这些数据进行合理地归类管理。

(4) 数据的分析

系统能够比对分析实际施工进度与计划进度，进行偏差分析，以直观的方式将偏差体现出来，并且按照偏差的不同给出相应的解决措施；能够将汇集的施工质量信息进行分析；能够进行成本信息整理。

(5) 报表管理

系统能够将所需的数据快速生成报表以供查阅打印等，报表主要包括施工进度类报表、施工质量类报表、施工成本类报表。系统通过相关信息筛选数据库内数据，然后以表格和图表的形式表现出来，实现公路工程施工数据查阅和分析的目的。

7.1.2 系统结构设计

根据公路工程的施工需求将系统结构分为 3 个层面，分别是数据层、模型层、应用层。数据层包括公路工程施工的空间数据和属性数据；模型层是嵌入的系统模型，包括成本控制模型、质量控制模型、进度控制模型等；应用层则体现了系统的功能，包括基础信息管理、三维分析、成本管理、进度管理、质量管理等。

此框架结构在计算机硬件设备支撑的前提下，应用 BIM 软件创建三维模型，并将 BIM 模型集成到 GIS 平台中，应用 GIS 软件创建三维地表模型、二维 GIS 路线，将三维地表模型与道路三维模型在空间位置上相结合，应用数据库软件对道路二、三维空间数据、属性数据、地形数据等进行管理、分析计算，协助公路工程施工管理机构科学施工。系统结构设计如图 7-1 所示。

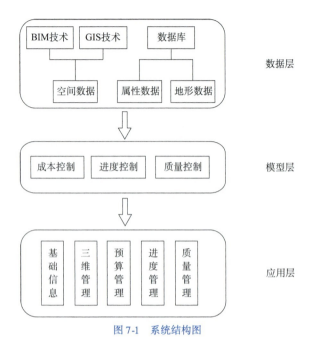

图 7-1　系统结构图

7.2　系统功能设计

公路工程智慧工地施工管理信息系统功能设计如图 7-2 所示。

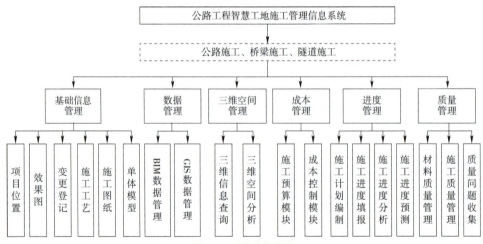

图 7-2　系统功能设计

（1）基础信息管理模块

基础信息管理模块包括项目位置、项目效果图、变更登记、施工工艺、施工图纸、单体模型。项目位置即可以在卫星地图上通过经纬度或者名称查找项目所在位置；通过项目效果图可以查看项目渲染效果图和实际施工每一阶段项目的实际效果图；变更登记即可以随时将图纸的变更信息进行登记，并将变更信息入库；可以随时查看施工工艺和施工图纸；单体模型即将施工模型每一个构件单独划分,可以查询单体构件相关的信息。

(2)数据管理模块

GIS 数据管理主要包括对二维道路基础信息进行整理,添加施工信息,同时能够对施工信息进行编辑、查询、修改和保存。BIM 数据管理包括对三维道路模型信息进行整理,可对 BIM 模型工程构件进行编辑,同时能够对 BIM 模型信息进行查询、修改和保存。同步显示是指实现二维 GIS 路线和三维道路模型同步显示的功能。

(3)三维空间管理模块

三维空间管理包括三维信息查询和三维空间分析。其中三维信息查询一方面为模型信息查看:主要是对道路三维模型单个工程构件进行属性信息查询、施工信息查询和道路横断面施工图纸查询,同时能够获取该工程构件的位置信息。另一方面为视图管理:主要是对模型进行可视域分析、视线分析、天际线分析、裁剪面分析、阴影分析。三维空间分析利用了三维 GIS 特有的功能,可以实现三维 GPU 分析和三维量算功能。三维 GPU 分析包括等高线、坡度坡向、淹没、可视域、视线、天际线、剖面的分析;三维量算功能可以实现距离量算、面积量算和高度量算。

(4)成本管理

成本管理模块主要是对数据进行收集、存储、分析,每日收集施工材料用量,分部分项统计实际施工的材料用量,为后期成本预算提供基础数据。本系统的成本管理主要功能是通过统计计划和实际施工成本数据,计算计划金额和实际金额,用来进行施工的进度分析。系统实现了数据收集整理的电子化,并将数据与相关模型构件相关联,保证了数据与模型的关联性。

(5)进度管理

进度管理模块可以实现对施工进度的全跟踪管理,并能够及时收集施工进度信息。通过对施工进度信息的分析,利用施工进度控制优化模型对施工进度进行优化控制,以指导施工进度。利用三维模型的浏览功能可以实现施工状态的三维浏览,以直观的形式显示施工进度状态。

(6)质量管理

质量管理模块分为材料质量管理和施工质量管理,还包括具体质量问题的收集。材料质量管理功能能够采集桥梁构件材料的检验质量信息,如检验记录信息的填报等。施工质量管理功能则是按照公路工程分项工程,在公路工程施工的每一个工程中收集其填报信息,实现质量信息存储的电子化。同时利用三维可视化特性可直观地查看工程的质量问题。

7.3 数据库设计

对公路工程智慧工地施工管理信息系统而言,首先要实现 BIM 与 GIS 之间的格式转换与集成,利用导入 GIS 中的 BIM 模型、集成数据以及绘制的工程项目 GIS 二维地图,对项目工程进行二、三维空间管理，为进行各施工阶段的预算及控制管理提供了数据和操作基础。其次，结合项目施工产生的施工相关属性数据、施工预算管理数据以及施工控制相关数据，构成本系统中完整的数据库结构，有利于后期对数据进行调用和管理。

本系统的数据设计思路为：首先使用 Revit 进行桥梁的三维建模，通过高程影像下载工具获取施工区域高程和卫星影像，利用 SuperMap 桌面版软件进行 GIS 地图的绘制；将三维模型转化为 GIS 数据源，然后与 GIS 地图存为一个数据源；再将高程文件以及影像数据导入数据源内，在数据源内将高程文件转化为实际地形模型，配准后将影像文件贴合到地形模型上，与地形匹配将模型放置在地形模型上。通过以上方式制作三维模型及地形，在场景中进行三维展示。最后在建立好的文本型数据源中建立 SQL 数据库型数据源，将空间的属性信息存入到 SQL Sever 数据库中，同时将属性数据也一并存入管理，将空间数据以文本的形式存储，而属性信息则利用关系型数据库进行存储，通过双方共有的唯一特征码进行空间数据和属性数据的关联，最终在调用机制上实现空间数据和属性数据的一体化。

7.3.1 地形数据获得

地形数据集是由高程点构建生成，通过查阅项目工程资料等信息，收集并整理道路所处地理位置的高程数据和影像图，高程数据主要包含经纬度与高程信息，详见表 7-1。经处理，应用 GIS 软件创建三维地表模型，地形和影像示意图分别如图 7-3 和图 7-4 所示。

高程数据表　　　　表 7-1

编号	经度	纬度	高程
1	36.806828	114.533951	52.011
2	36.806003	114.534752	51.912
3	36.804631	114.534631	51.627
4	36.800145	114.535665	51.000
5	36.797673	114.534753	51.013
…	…	…	…
41494	36.729895	114.534067	50.830
41495	36.728421	114.531727	50.831
41496	36.728019	114.531225	50.821
41497	36.728153	114.528551	52.000
41498	36.728019	114.525876	49.876
41499	36.724134	114.529721	50.833
41500	36.720516	114.525513	50.160

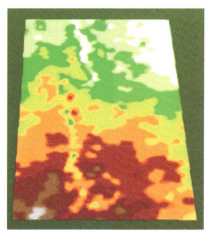 

图 7-3　分层设色地形示意图　　　　图 7-4　影像示意图

7.3.2　空间数据设计

空间数据主要是用于对场景中的道路三维空间数据和地图中的道路二维空间数据以及道路周边的基础设施等位置信息进行描述。空间数据包括研究对象的拓扑关系和空间位置两方面的内容，拓扑关系是指每个实体之间的空间相关性，空间位置是指已知道路及基础设施的坐标系的位置。系统包含二维道路空间数据和三维道路空间数据，通过唯一的道路编码与工程构件或图形数据进行关联，从而建立对应关系，并将二维和三维道路属性数据储存到 SQL Server 数据库当中，供后续分析使用。

（1）二维空间数据

空间数据主要包括两方面内容，分别是研究对象的拓扑关系及空间位置。其中，拓扑关系包含了研究对象空间上的逻辑关系，即指设计线路中公路之间的连通性及公路与桥梁之间的连接等；而空间位置则是指工程项目中公路及桥梁等三维实体在空间中的坐标系位置及项目整体线路的平面位置和桩号位置信息等，主要体现在线路设计的地理位置、公路和桥梁在地图中的分布及其三维模型在地形图中的分布等。

空间数据具体体现形式包括点数据集、线数据集、面数据集。点数据集主要用于显示绿化树木、交通标志的位置；线数据集主要用于显示公路、桥梁在设计线路中的分布及线路的整体走向和拓扑连接关系；面数据集主要用于显示项目设计线路中的桩号位置及分布等信息。二维规划设计 GIS 地图主要体现公路之间及公路与桥梁之间的拓扑连接关系，包含工程项目各段所处的地理位置信息、桩号信息、路线长度等，其对应的 GIS 地图如图 7-5 所示。

以公路路段及桥梁模型为例，其空间数据表分别见表 7-2 和表 7-3。

（2）三维空间数据

本系统三维模型通过 BIM 软件创建，并通过格式转化将 BIM 模型集成到 GIS 平台中，应用到施工管理系统中，转化后的三维空间数据由模型数据集构成。公路与桥梁模型数据集分别包含了公路三维模型、桥梁三维模型，并同时带有地形信息，格式转化界面如图 7-6

所示。以道路为例,转化后的三维道路空间数据由模型数据集构成,分别为底基层、下基层、上基层、面层、中央分隔带、路肩、路基等模型数据集,各个模型数据集中包含其对应工程构件的基础属性信息。

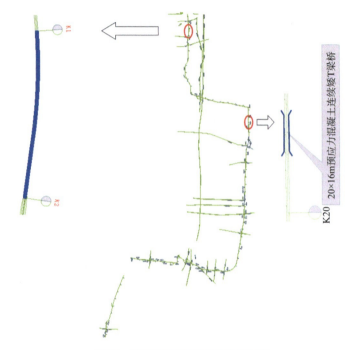

图 7-5　公路工程项目规划设计 GIS 图

二维公路路段属性表　　　　　　　　　　　　　　　表 7-2

名称	别名	字段类型	允许 Null 值
路段 ID	RoadID	文本型	否
起始桩号	StartRchainage	文本型	是
终点桩号	EndRchainage	文本型	是
单位	RUnit	文本型	是
路段长度	RoadLength	32 位整型	是
路段宽度	RoadWidth	双精度	是
公路等级	RGrade	文本型	是
设计速度	RSpeed	32 位整型	是
车道数	RoadLane	32 位整型	是
预估资金	Rfinance	文本型	是
计划开工时间	RStartDate	日期	是
计划完工时间	REndDate	日期	是

二维桥梁属性表　　　　　　　　　　　　　　　表 7-3

名称	别名	字段类型	允许 Null 值
桥梁 ID	BridgeID	文本型	否
桥梁名称	BridgeName	文本型	是
桥梁类型	BridgeType	文本型	是
桥梁长度	BridgeLength	双精度	是
桩号	BridgeMileage	文本型	是
设计荷载	BridgeLoad	文本型	是
孔数	BridgeWidth	32 位整型	是
洪水频率	Flood	文本型	是
地震动峰值加速度	Eg	文本型	是
设计环境类别	DEtype	文本型	是
预估资金	Bfinance	文本型	是

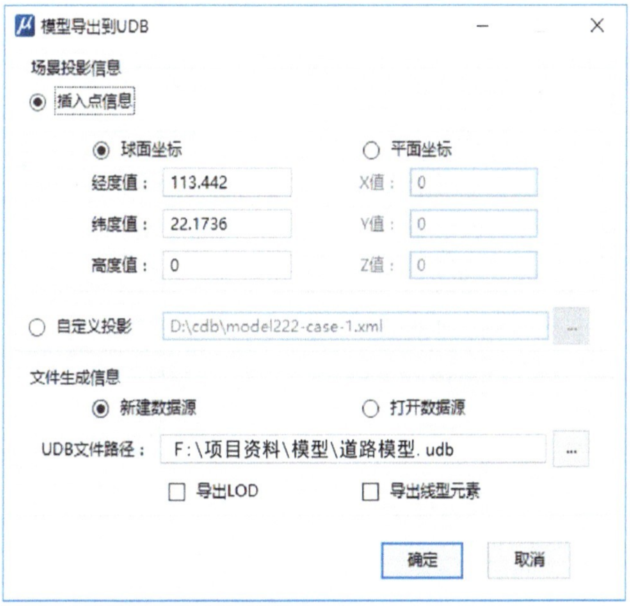

图 7-6　文件格式转化界面

　　面层模型数据集包含道路模型上面层结构，为了更好地区分上面层结构，将道路 BIM 模型每隔 1 公里划分为一个路段，路段 ID 采用人工编码编制，其编制具有唯一性的特点，同二维 GIS 路线编号规则相同。每个路段道路 BIM 模型包含多个工程构件，同时每个工程构件包含其基本信息与施工信息，包括道路名称、路段 ID、构件 ID、材质类型、实际施工开始时间、实际施工结束时间、工程量、施工单位等。其详细属性数据表设计详见表 7-4，面层结构空间数据显示如图 7-7 所示。

面层空间数据属性表　　　　　　　表 7-4

名称	别名	字段类型	允许 Null 值
路段名称	LuDuanName	文本型	否
路段 ID	LuDuanID	文本型	否
路段名称	LuDuanName	文本型	是
起点桩号	StartPoint	双精度	是
终点桩号	EndPoint	双精度	是
构件名称	GouJianName	文本型	是
构件 ID	GouJianID	文本型	是
构件位置	Position	文本型	是
面层材质	Material	文本型	是
长度	Length	双精度	是
宽度	Width	双精度	是
厚度	Thickness	双精度	是
纵断面高程	Height	双精度	是
实际施工开始时间	ActualStartTime	日期	是
实际施工结束时间	ActualStartTime	日期	是
工程量	Quantity	32 位整型	是
完工量	Complete	32 位整型	是
单位	Unit	文本型	是
施工状态	ConstructionState	文本型	是
施工单位	Department	文本型	是
备注	Remark	文本型	是

图 7-7　面层结构图

7.3.3 属性数据设计

除了上述二维和三维空间数据外,系统还需要施工属性数据作为支撑,其中施工属性数据包含公路工程施工清单数据、公路工程预算定额基价、施工费用数据等。通过对这些数据的查询及调用,使管理者对公路工程项目中的公路及桥梁等的施工情况有较为详细地认识,为进行施工预算及施工管理提供了数据来源。

(1)工程项目施工属性数据中的施工计划数据主要通过人工录入和编制获得。公路施工计划数据主要包括起始桩号、终点桩号、路线长度、累计长度、进度指标、工程内容、开工时间、完工时间等,详见表7-5。桥梁施工计划数据,主要包括桥梁名称、分项工程、构件名称、分跨线里程、开工时间、完工时间等,详见表7-6。

公路施工计划数据表 表7-5

名称	别名	字段类型	允许 Null 值
路段名称	SectionName	文本型	否
起始桩号	StartRchainage	文本型	是
终点桩号	EndRchainage	文本型	是
路线长度	RoadLenghth	32 位整型	是
累计长度	CumLength	32 位整型	是
进度指标	GLScheduleIndex	双精度	是
开工时间	GLStartDate	日期	是
完工时间	GLEndDate	日期	是
工程内容	Projcontent	文本型	是
施工单位	GLcompany	文本型	是

桥梁施工计划数据表 表7-6

名称	别名	字段类型	允许 Null 值
桥梁名称	BridgeName	文本型	否
分项工程	FXName	文本型	否
构件名称	PartName	文本型	是
分跨线里程	Crossingmileage	文本型	是
开工时间	QLStartDate	日期	是
完工时间	QLEndDate	日期	是
工期	SGTime	32 位整型	是
工程内容	QLProjcontent	文本型	是
施工单位	QLcompany	文本型	是

(2)施工填报数据表,此表格主要针对工程项目的整体设计,对项目中公路及桥梁施工

中的除模型实体构件外的其他工程量计划及实际使用数据进行统计填报,如公路路基主要包括路基清表数量、软土地基处理、路基防护等。通过将这些数据进行电子化处理,使其能够为工程施工预算提供计划及实际非实体工程量数据,这也为日后的实际工程施工提供数据参考。

对公路工程而言,其施工填报的计划数据表与实际数据表结构相同,详见表7-7。

公路施工填报数据表　　　　表7-7

名称	别名	字段类型	允许Null值
路段名称	SectionName	文本型	否
起始桩号	StartRchainage	文本型	否
终点桩号	EndRchainage	文本型	否
分部工程	GLpartproject	文本型	是
分项工程	GLitemproject	文本型	是
子项	GLsubitem1	文本型	是
数量1	GLquantity1	双精度	是
单位1	GLunit1	文本型	是
子项子目	GLsubitem2	文本型	是
数量2	GLquantity2	双精度	是
单位2	GLunit2	文本型	是
填报时间	GLdate	日期	是

分部工程主要按建筑物、构筑物的主要部分划分,公路分部工程主要包括路基、路面等;分项工程作为分部工程的组成部分,按不同的施工方法、材料等,将一个分部工程分解为若干个分项工程,例如路基中的分项工程主要包括路基清理与掘除、软土地基处理等;子项则主要指每个分项工程下包含的项目,如对软土地基处理主要有填石灰土、换填砂砾等。对桥梁工程而言,其施工填报数据与公路类似,详见表7-8。

桥梁施工填报数据表　　　　表7-8

名称	别名	字段类型	允许Null值
桥梁名称	BridgeName	文本型	否
桩号	Bchainage	文本型	否
分部工程	QLpartproject	文本型	是
分项工程	QLitemproject	文本型	是
子项	QLsubitem1	文本型	是
数量1	QLquantity1	双精度	是
单位1	QLunit1	文本型	是
子项子目	QLsubitem2	文本型	是

续上表

名称	别名	字段类型	允许 Null 值
数量2	QLquantity2	双精度	是
单位2	QLunit2	文本型	是
填报时间	QLdate	日期	是

（3）实际施工数据表。获取公路及桥梁的实际施工数据，通过将其进行电子化录入，进而获得实际施工状态、工程量信息以及实际成本等数据。其中，公路及桥梁的施工数据表结构类似，以公路工程为例，其表结构详见表7-9。

公路实际施工数据表　　　　表7-9

名称	别名	字段类型	允许 Null 值
单位工程	RUnitproject	文本型	否
分部工程	Rpartproject	文本型	否
分项工程	Ritemproject	文本型	是
材料类型	Rmaterial	文本型	是
施工状态	Rstatus	文本型	是
完成度	Rfinished	双精度	是
工程量	Rquantity	双精度	是
实际成本（元）	Racost	双精度	是
实际开工时间	RaStart	日期	是
实际完工时间	RaEnd	日期	是
工程内容	RProjcontent	文本型	是
填报时间	Rdate	日期	否

（4）施工信息的查询。通过对施工数据的获得，了解公路及桥梁不同构件在选定时间所处的施工状态，对施工情况事先进行相关了解，进而为日后进行施工计划的更改及完善提供参考依据，对未来施工资金的优化提供部分参考。施工信息相关数据来源于实际施工数据，因此，其表结构本次不再列举。

（5）模型属性数据，即模型构件计划材料用量表，主要结合公路及桥梁施工计划，并利用特定 ID 实现各部件材料消耗量与三维模型之间的关联，进而显示公路及桥梁各个构件在不同施工阶段的材料消耗量，自动获取特定时间段内模型建立所消耗的实体工程量，这可用于在施工预算过程中对工程量进行查询。其中，公路与桥梁模型的计划材料用量信息数据表类似，以公路模型为例，其表结构详见表7-10。

公路模型构件计划材料用量表　　　　　表 7-10

名称	别名	类型	允许 Null 值
单位工程	UnitprojectName	文本型	是
分部工程	PartprojectName	文本型	是
分项工程	ItemprojectName	文本型	是
模型构件 ID	ModelID	文本型	否
材料类型	Material	文本型	是
数量	Quantity	双精度	是
单位	Unit	文本型	是
计划开工时间	StartDate	日期	是
计划完工时间	EndDate	日期	是

7.4　系统功能实现

7.4.1　施工预算管理子系统

1）概述

公路工程项目历经投资估算及设计、工程招标、施工管理、竣工 4 个阶段。造价管理是公路建设的重要组成部分，然而目前造价管理发展水平却跟不上社会经济发展水平。因此，对公路工程施工阶段进行造价管理成为项目全生命周期工程造价管理中最为重要的一个环节，这使得公路施工预算管理非常重要。要实现对公路施工预算的有效管理，首先需要对公路的施工过程有较为全面的认识，在此基础上，利用工程项目相关信息及其在施工过程中所产生的大量相关施工基础数据等来完成对施工各阶段的成本预算及控制。

施工预算管理子系统的主要研究内容为：

（1）BIM 与 GIS 集成技术应用，实现工程项目的 GIS 空间管理。在 GIS 中集成三维 BIM 模型及地形信息，并通过绘制工程项目二维模型，完善二维模型空间属性信息，实现工程项目二、三维的直观展示及空间信息、属性信息的浏览。

（2）添加工程施工相关信息，实现项目施工管理。通过编制施工计划、填报并录入计划施工非实体工程量和实际施工数据，结合三维模型的各构件所需的材料用量，为获得工程项目各部件在特定时间段内的施工完成情况、实现工程项目进度管理构建计划及实际施工数据环境提供参考。

（3）引入公路工程施工预算，完成项目施工预算管理。将三维模型与项目工程预算功能进行结合，以施工时间为控制节点，免去了对施工模型工程量的计算，并利用预算模型及方法，实现对不同施工阶段工程项目的施工预算，加快施工成本预算效率。

（4）运用成本控制理论，对项目施工成本进行控制及管理。以工程项目各阶段的计划与实际工程量为基础，运用成本控制理论，对不同施工阶段的成本进度进行评价，实现预算实时有效管理。

在公路工程项目施工过程中，为保证施工资金的有效利用，首先应对工程项目进行相应的施工预算，对工程施工过程中所需的建设资金有较为清晰的认识。然而，在工程项目实际施工过程中，往往会因施工环境、施工方案等原因导致施工资金消耗及分配的不合理，这就需要对施工过程的资金进行管理及控制，进而实现施工资金的合理分配及使用，保证工程项目施工的正常运行。应用施工预算管理子系统进行施工成本控制的流程图如图7-8所示。

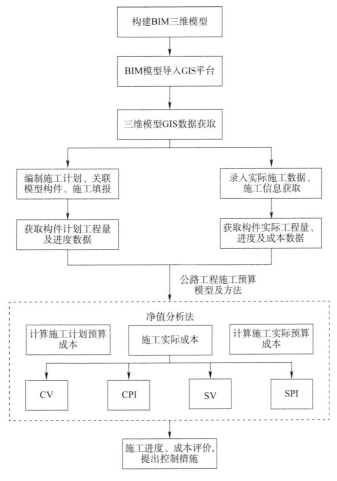

图7-8　成本控制流程图

2）空间管理模块

空间管理主要包括公路工程项目二维GIS模型浏览、二维空间属性信息查询、三维GIS模型浏览以及三维空间属性数据查询等功能。

（1）二维GIS模型浏览：主要显示公路及桥梁的整体桩号位置信息及工程的整体走向、拓扑结构和相应路桥分布等宏观信息，可以实现二维模型的放大、缩小、漫游等功能。

(2)二维模型空间属性信息查询:通过项目二维 GIS 图,可以分别获取公路工程项目中的公路及桥梁基本信息如工程项目分段编号、路段长度、起止桩号信息、公路等级、通行速度、计划开工时间及计划完工时间、工程各段的预估建设资金、桥梁设计荷载、孔数等。公路项目 GIS 空间二维管理图如图 7-9 所示。

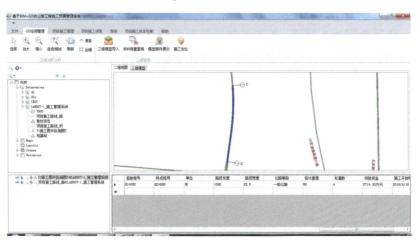

图 7-9　公路项目 GIS 空间二维管理

(3)三维 GIS 模型浏览:主要通过将导入的公路及桥梁 BIM 三维模型进行 GIS 空间三维显示,并实现三维模型的放大、缩小、漫游等功能,进而分别对公路及桥梁工程的整体结构有较为全面地认识。

(4)三维模型空间属性数据查询:通过公路及桥梁的项目三维 GIS 图,可以利用属性查询功能,分别获取公路工程中公路、桥梁各部件的信息,例如对路面而言,可查询其各面层的名称、材料、工程量、计划开工时间及计划完工时间等信息,对桥梁而言,可查询其桩基、桥墩、梁结构以及桥面铺装等部件的基本属性信息。桥梁三维 GIS 空间图如图 7-10 所示。

图 7-10　桥梁 GIS 空间三维浏览

3)施工管理模块

项目施工管理模块主要包括项目施工计划编制、项目计划材料用量查询、项目施工填报、项目施工进度管理、项目施工工期统计等。

（1）项目施工计划编制：用于公路工程项目如桥梁及公路施工计划的录入及浏览，并分别进行施工计划的查询、修改、保存等操作，具体如图7-11～图7-14所示。

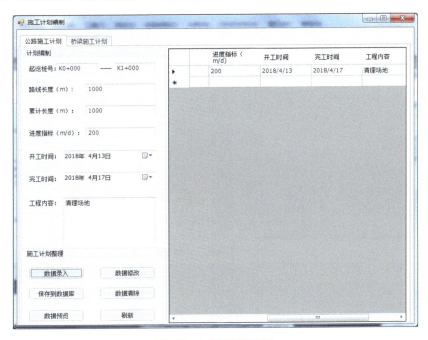

图7-11　公路施工计划录入

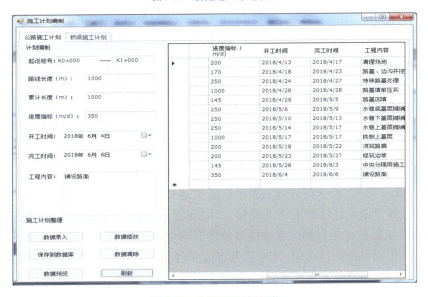

图7-12　公路施工计划浏览

（2）项目计划材料用量查询：利用编制的公路及桥梁施工计划，结合BIM模型获得的各个构件实体工程量信息，实现对公路及桥梁各个构件在不同施工阶段材料用量的查询，为后期进行施工预算提供计划实体工程量的数据来源，为项目施工成本的控制奠定基础。公路计划材料用量查询和桥梁计划材料用量查询分别如图 7-15 和图 7-16 所示。

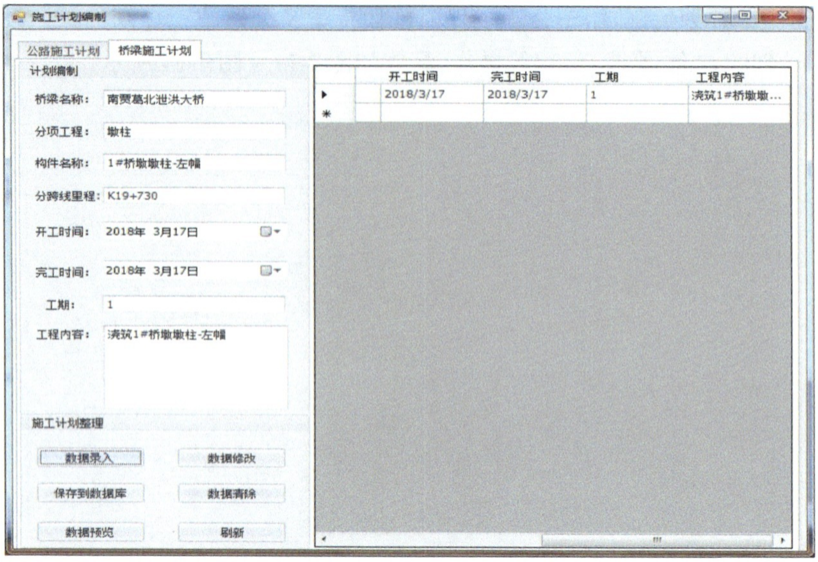

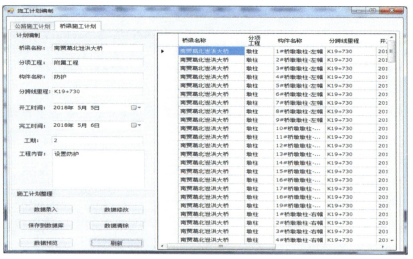

图 7-13　桥梁施工计划录入

图 7-14　桥梁施工计划浏览

（3）项目施工填报：由于在进行工程单位施工预算的过程中，需要对工程的工程量进行统计和查询。对于施工计划的实体工程量，可以通过转换的 BIM 数据（主要包括 BIM 模型的几何数据及 BIM 软件中自动产生的模型构件工程量数据）而获得；而非实体工程量，主要是指在进行工程项目施工过程中，除构筑各部分单体构件产生的工程量之外的其他工程量信息，如路基清表、路基挖方及填方、软土地基处理等，主要分为计划施工产生的和实际施工产生的，这些数据是无法从模型中获取的。

因此，分别对计划及实际工程量进行系统填报，按照填报时间将信息进行电子化，从而可以依据时间分别获得项目施工的计划和实际施工产生的非实体工程量，其具体界面如图 7-17 和图 7-18 所示。

公路工程智慧工地施工管理信息系统 第7章/下篇

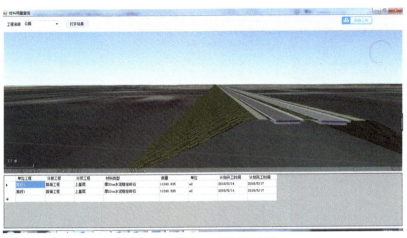

图 7-15 公路计划材料用量查询

图 7-16 桥梁计划材料用量查询

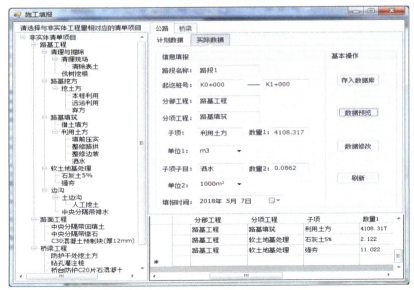

图 7-17 公路非实体工程量填报及预览

109

图 7-18 桥梁非实体工程量填报及预览

(4) 项目施工进度管理：对于公路及桥梁的施工进度详情，主要包括对公路及桥梁施工实际进度数据的录入、三维模型构件的展示、施工信息的查询以及施工横道图的展示，直观地反映桥梁与公路的各部件的整体及局部施工进度信息。

①施工实际进度数据录入：通过分别对不同时间段内的公路路段及桥梁实体相关施工数据的录入，获得其实际施工进度、实体工程量及资金消耗等相关信息。为后期进行模型构件施工信息的查询及施工成本控制等提供实际施工信息，保证公路及桥梁施工的顺利进行。公路路段实际施工数据录入和浏览界面分别如图 7-19 和图 7-20 所示。

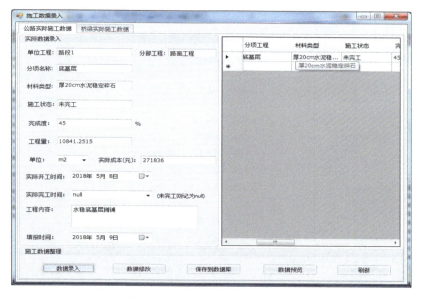

图 7-19 公路路段实际施工数据录入

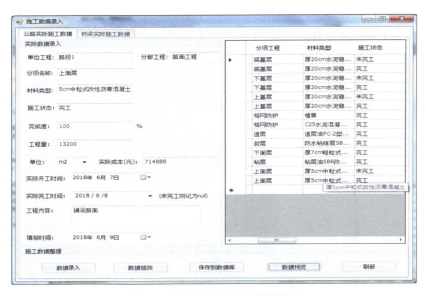

图 7-20 公路路段实际施工数据浏览

②三维模型构件展示及施工信息查询:通过对公路及桥梁整体三维模型的浏览及空间属性信息的查询,对整体构件情况以及各组成部件的属性信息有较为详细地认识。

为更详细地掌握公路及桥梁施工模型的构件施工信息,分别根据模型结构组成,对公路及桥梁各部件的结构进行微观层面的浏览。通过将其各部件模型导入到 GIS 三维场景中,实现对工程在微观层面各部件展示,并利用录入的施工实际数据,分别对其施工时间进行选择,获得不同施工阶段公路及桥梁各部件的施工信息,进而从微观层面上掌握工程施工的完成情况,为施工预算及施工成本控制提供参考依据。公路及桥梁的三维模型构件展示及施工信息查询分别如图 7-21 和图 7-22 所示。

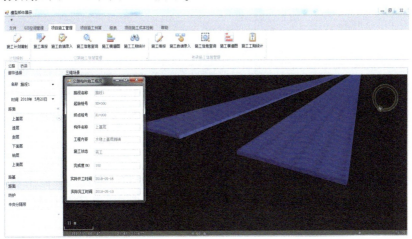

图 7-21 公路三维模型构件展示及施工信息查询

③项目施工横道图展示:利用录入的公路及桥梁的实际施工数据,对整体施工情况进行施工横道图展示,并通过点击不同施工工序的横道图实现对相应施工工序的施工情况和工

程量信息进行详细查询。同时,也可以选择不同施工时间,获得相应的施工横道图,显示各时间阶段、各工序实际施工进度情况,实现对公路及桥梁的整体施工进度的管理,界面信息如图7-23所示。

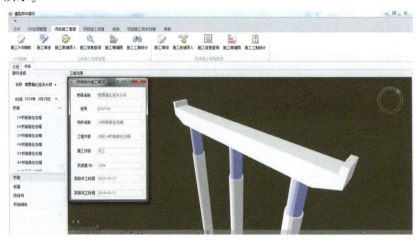

图7-22 桥梁三维模型构件展示及施工信息查询

图7-23 施工横道图展示

(5)项目施工工期统计:通过对公路及桥梁的实际施工数据进行统计及整理,对各自施工工期分别进行图表展示,进而对实际施工情况有较为直观地把握,了解施工计划情况。公路和桥梁的施工工期统计界面如图7-24~图7-27所示。

4)施工预算模块

利用上述查询及录入所得的公路、隧道及桥梁等工程的计划及实际施工基础数据和施工实体与非实体工程量信息,对工程项目进行施工预算。其中,项目施工预算主要包括新建预算文件、工程量清单编制及计算、取费、工料机汇总以及生成报表等功能。

(1)新建预算文件:对公路工程施工项目进行施工预算时,首先需要对其计价模式、计价依据、项目造价信息以及施工时间段等基本信息进行输入及选择,进而计算项目的整体预算。其中,对于预算文件,分别对选定时间段内的公路进行施工预算。以公路标段1为例,确定其不同施工阶段所对应的施工预算资金使用情况,界面分别如图7-28和图7-29所示。

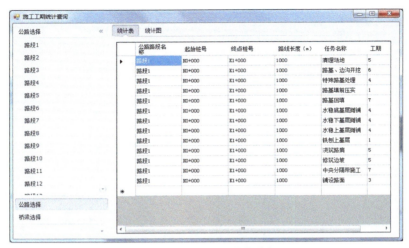

图7-24 公路施工工期统计表

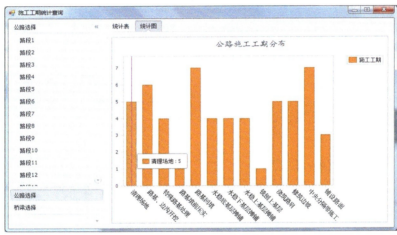

图7-25 公路施工工期统计直方图

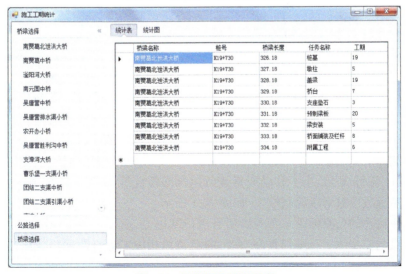

图7-26 桥梁施工工期统计表

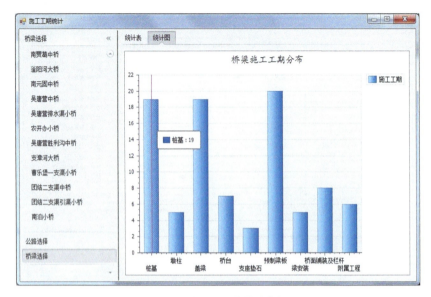

图 7-27　桥梁施工工期统计直方图

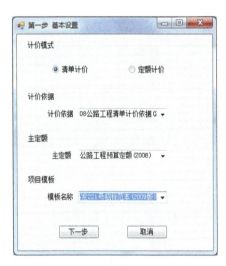

图 7-28　预算信息基本设置

图 7-29　编制信息输入

（2）工程量清单编制及计算：该部分主要是对选定时间内的公路预算造价书进行编制及计算。其中，以上述所建立的公路标段1预算文件为基础，对选定施工时间段内的公路标段1进行项目清单的编制。工程量清单编制初始界面如图7-30所示。

在上述初始清单的基础上，依据工程项目施工情况对清单费用项目、子费用项目及定额项目进行添加、复制、删除、上下移动或直接调用标准模板等，实现对清单项目的批量添加，最终获得公路标段项目清单编制结果，如图7-31所示。

在上述所构建的公路标段1及桥梁项目清单基础上，通过对公路标段1的计划及实际的实体工程量与非实体工程量的查询，获得项目清单相应工程量数据，其中，工程量查询界面如图7-32所示。

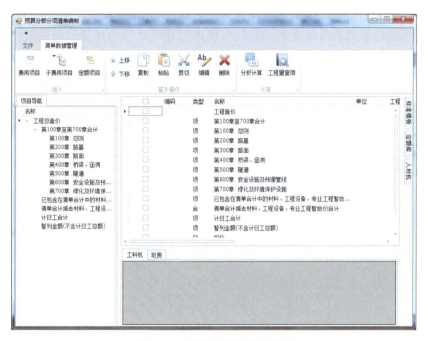

图 7-30　工程量清单编制初始界面

图 7-31　工程量清单编制调用标准模板

套用定额：利用上述查询获得的工程量信息，套取相应的定额实现项目综合单价的计算，各定额子目的工程量信息也会依据清单项目的工程量信息及工程量查询功能来获得，最终完成对特定施工时间段内施工资金的计算。其中，对于定额的套用，主要功能是对清单项目对应的定额基价进行查询并插入到工程清单项目中，同时也可以随时替换定额项目，其界面如图 7-33 所示。

其中，对于套用的公路工程预算定额基价，其数据主要通过公路工程各项目对应的工料机定额消耗量表及工料机定额基价计算获得。因此,本系统可以实现对各定额库中的定额项目的工料机消耗量及价格的查询,同时,也提供定额项目的消耗量及价格的调整功能,进而保证所套用定额的准确性。但由于时间有限,本书调整价格并未调查完整,因此最终采用定额价格进行计算,定额项目查询界面如图 7-34 所示。

图 7-32　公路标段 1 工程量查询界面

图 7-33　定额套用界面

(3)取费:对工程项目综合单价的计算主要是通过取费程序来实现,其中取费主要是根据工程项目的基本项目信息,如所处区域、施工时间段等,来对其施工过程中产生的其他工程费及间接费进行确定。通过将取费文件信息进行电子化处理后,实现对相应费用费率的查询。本次选用的公路及桥梁取费基本相似,以公路标段 1 为例,工程项目取费如图 7-35 所示。

利用上述取费所获得的其他工程费及间接费计算的费率值,并根据对各定额子目取费类别的选择,对不同定额子目的综合单价进行计算。该计算过程体现在定额的套用过程中,通过插入定额,系统自动完成对不同工料机定额所对应的综合单价的计算。由于综合单价包括直接费、间接费、利润及税金,不同的定额项目对应的综合单价也不同,即当所套用的预算定额基价发生变化时,对应的综合单价相应也会发生变化,利用上述所得的公路各定额子目综合单价及工程量信息,对各分项分部的费用进行计算及汇总,最终获得分部分项费用清单。利用上述所得的公路及桥梁各定额子目综合单价以及工程量信息,对各分项分部的费用进行计算及汇总,最终获得分部分项费用清单。综合单价计算结果如图7-36所示,分部分项费用清单如图7-37所示。

图7-34 定额项目工料机消耗查询

图7-35 工程项目取费

图 7-36　综合单价的计算及桥梁分部分项费用清单

图 7-37　桥梁分部分项费用清单

（4）工料机汇总：利用上述所得的分部分项费用清单，对各分项中利用的人工、材料以及机械种类、费用及数量进行汇总，并以表格形式展现，从而直观地反映工程项目在该时间段内的主要费用支出情况。以单个桥梁为例，桥梁工料机汇总界面如图 7-38 所示。

（5）生成报表：将所编制的选定时间段内公路及桥梁相关费用清单、工程项目计划清单报表以及计划工料机汇总报表分别进行展示，通过导出、打印形式，更为详细地展示该施工阶段的资金消耗情况，为后期的施工成本控制提供数据参考。以单个桥梁为例，施工资金的清单费用报表如图 7-39 所示。

5）施工成本控制模块

对项目施工的成本计算，以公路及桥梁的施工计划为基础，依据时间因素，将公路及桥梁在不同时间内产生的工程量等施工信息进行整理汇总，进而获得不同施工阶段的计划工程量信息，并利用录入的实际施工时间获得各个施工阶段的实际工程量信息。同时通过结合上述施工预算功能，实现对不同施工阶段的计划预算成本以及实际预算成本的计算和汇总。而公路及桥梁的施工实际成本,则是通过实际数据录入获得的。

工料机汇总

公路　桥梁

序号	名称	单位	代号	预算单价_...	数量	合价（元）
1	人工	工日	1	49.2	30468.94	1499071.91
2	机械工	工日		49.2	5619.99	276503.50
3	原木	m³	101	1120	13.32	14917.87
4	锯材(中板δ=19~35mm)	m³	102	1350	45.52	61450.90
5	光圆钢筋(直径10~14mm)	t	111	3300	276.35	911963.12
6	带肋钢筋(直径15~24mm，25mm以...	t	112	3400	1349.58	4588577.66
7	钢绞线(普通，无松弛)	t	125	6500	94.23	612496.43
10	钢板(A3，δ=5~40mm)	t	183	4450	39.79	177054.09
11	钢管	t	191	5610	0.11	621.01
21	四氟板式橡胶组合支座(GJZF4系列、...	dm³	401	110	456.23	50185.40
22	板式橡胶支座(GJZ系列、GYZ系列)	dm³	402	80	1844.89	147591.17
23	模数式伸缩缝(伸缩量80mm/排，质...	t	541	43100	5.81	250550.76
24	钢绞线群锚(8孔)	套	576	245	1485.93	364054.03
25	铁件(管扣)	kg	651	4.4	6192.58	27247.34
26	镀锌铁件	kg	652	6.9	0.88	6.07
27	铁钉	kg	653	6.97	77.00	536.72
28	20~22号铁丝	kg	656	6.4	4914.47	31452.60
29	铸铁管	kg	682	2	1521.22	3042.44
32	草籽	kg	821	80	39.02	3121.93

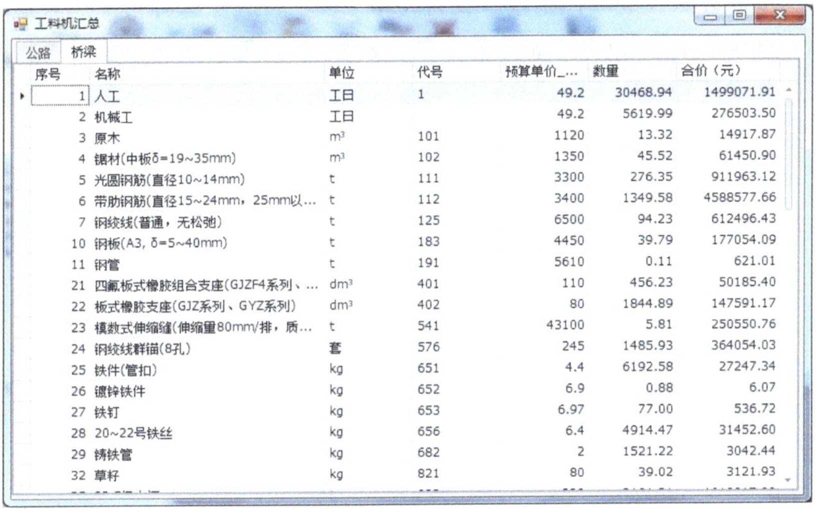

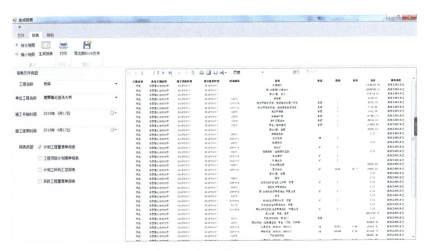

图7-38　桥梁工料机汇总

图7-39　桥梁清单报表生成

对于项目施工成本的控制,利用净值分析法对不同施工阶段的施工成本进行评价及控制,以所选定的施工阶段的计划预算成本、实际预算成本以及实际成本为基础,分别对评价指标成本偏差(CV)、进度偏差(SV)、成本绩效指数(CPI)以及进度绩效指数(SPI)进行计算,并分别以柱状图或折线图对评价指标按周或月进行直观地显示。对于公路一个标段或者单个桥梁而言,由于施工时间相对较短,因此,其评价指标仅按周进行直观地显示。单个桥梁的各施工阶段的工程项目施工成本控制界面如图7-40和图7-41所示。

随着三维数字技术的迅猛发展,三维空间模型成为获取工程相关信息的主要来源。BIM软件利用自动化精确的工程计量分析,形成结构化数据,减少了以往利用二维图纸进行人工量算而产生的计量误差,提高了数据的准确性,为工程量信息的获得及统计分析提供了快速、精细化的技术支撑。GIS技术,即对图形进行数字化处理,将空间图形与相关数据库建立连接,实现工程项目空间地图与位置信息数据的有效结合。融合 BIM 和 GIS 技术,并结合公路工程施工预算方法及成本控制技术成为公路工程项目施工预算管理的必要手段。这对明确各个施工过程成本消耗明细、提高施工预算效率、加强施工企业对公路工程项目造价成本的管理力度和提高企业施工效益具有重要意义。

图 7-40　桥梁施工评价指标计算

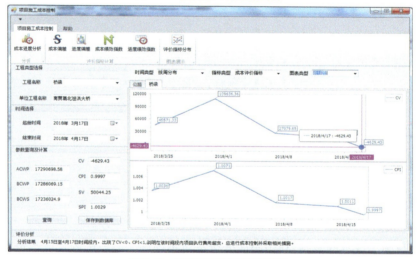

图 7-41　桥梁施工成本评价及分析

7.4.2　施工进度管理子系统

1）概述

以隧道施工为例对施工进度管理子系统进行设计和分析,通过对大量的施工资料进行查阅,对实际工期和计划工期的工程数据进行分析,发现两者的比值达到 165%,而标准值则应该在 123% 左右。即便制定了施工计划,在实际施工时也往往会产生延误。后来发现查询的 60% 的工程都出现了工期延误情况。在施工进度管理上,传统的进度管理方法存在许多问题,最明显的就是在制定计划工期后,实际工期内无法完成计划的任务量,造成工期的延误,此外,实际施工中的资源配置情况也不尽人意。

施工进度管理子系统提出基于 BIM+GIS 的进度管理模型,通过 BIM 建模软件构建公路工程模型,然后利用插件将 BIM 模型转化为 GIS 所需的数据源。这样在传输过程中不会造成数据缺失,而且,模型的平面、高程精度、空间定位等更大程度上符合要求的精准度和完整性。施工进度管理主要按如下4个步骤进行。

(1)建立基础数据

①建模

根据设计图纸利用 BIM 建模软件构建 BIM 模型,如图7-42所示。

图7-42 公路工程 BIM 模型

②转化数据源

将 BIM 模型通过插件转化为 GIS 数据。转化过程中可选择模型的淡出参数设置,分为场景投影信息和文件生成信息。插入点信息分为球面坐标和平面坐标;文件生成信息还可以选择模型颜色类型、参数设置和模型精细度。

数据转换后,根据构件划分形成多个数据集,数据集不仅包括空间数据,还包括建立模型构件时所有的几何数据和工程量数据等。给每个构件信息设立唯一代表的 ID,将 ID 和构件属性表相关联并建立数据库。

(2)进度编制

根据项目总进度计划目标、要求,将项目任务细化,按项目的施工顺序编制合理的计划方案。确定每项作业的起止时间、工程量、材料用量等,在系统中录入数据库并保存。

(3)进度预测

根据进度跟踪获取的进度数据进行进度分析。然后根据进度预测模型对公路工程的任一分项工作进度进行预测,分析结果并利用系统功能进行预警分析。

(4)进度调整

根据进度预测结果对公路工程施工工期进行调整。如果进度出现偏差,分析偏差原因,提出应对措施,然后通知或提醒相应的部门单位及时应对;如果进度未出现偏差,则直接进行下一步工作。

在 BIM+GIS 的施工管理系统中,可查询并显示单位项目的每一项工作的计划和实际施工时间,并进行进度分析。与进度预测模型结合后,系统可对任一项工作进度进行预测,实现实时动态预测分析,从而进一步对施工进行偏差预警分析和进度调整。基于 BIM+GIS 的施工进度集成管理流程如图7-43所示。

2)三维分析模块

利用了3D GIS 特有的空间分析能力,对隧道进行视觉性分析和量算分析,具体功能如下。

(1)三维 GPU 分析

包括场景属性、照面分析、通视分析、剖面分析、裁剪面分析、阴影分析、钢筋布置分析和通风分析9个分析功能。针对隧道方向,主要介绍以下6个分析功能。

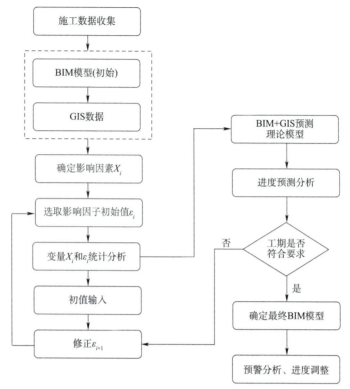

图 7-43 进度管理集成流程图

①场景设置就是在隧道场景中根据特定需求设置太阳轨迹所显示出来的画面。设置参数包括显示帧率、开启太阳、设置太阳轨迹、设置图层阴影类型。其中帧率有平均帧率、最好帧率、最差帧率以及三角面数量;设置图层阴影类型可对所有对象设置产生阴影、选中对象产生阴影和不产生阴影。

②照明分析是为了保证隧道内视觉安全,在隧道场景内模拟隧道灯来分析照明可见范围,如图 7-44 所示。如果照明范围内视觉没有安全障碍,则显示为绿色;如果照明范围内视觉出现安全障碍,则显示为红色。

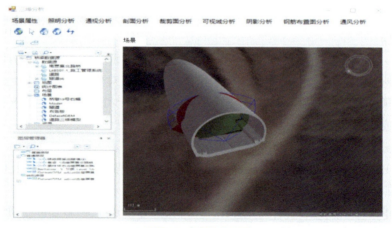

图 7-44 照明分析结果

③通视分析是在隧道场景内模拟人眼的视线可见范围。以某一观测点手动绘制观测范围,分析这个点的可见范围。在此范围内如果出现人眼视线达不到的位置,即障碍视线点,此时系统将标红并显示出来,如图7-45所示。

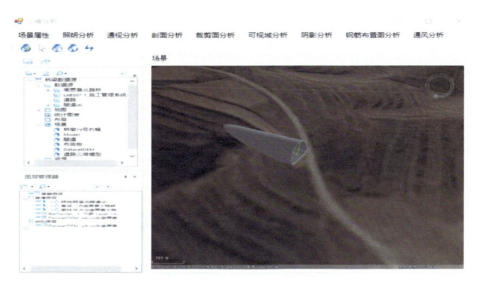

图7-45　通视分析结果

④剖面分析是对隧道剖截面的分析。通过在隧道模型上画剖面线,系统显示出隧道的剖截面和高程。剖面分析还具有量算功能,可以在剖截面界面内进行距离量算并显示结果,如图7-46所示。

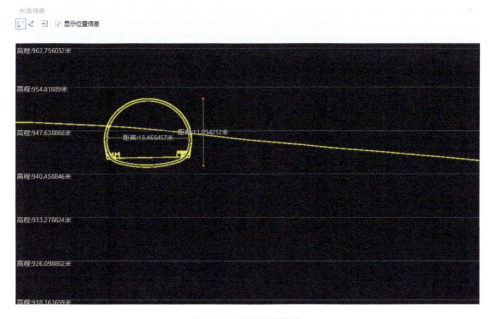

图7-46　剖面量算结果

⑤钢筋布置图分析可将隧道钢筋分布展示出来。

⑥通风分析是通过隧道种类、长度以及断面大小来分析此段隧道是否需要通风。若不需要通风,即自然风可满足要求;若需要机械通风,备注栏中会显示出相应的通风条件。

(2)地形分析

地形分析即对公路工程的地形模型进行可视化分析,针对隧道地形分析以下几项内容:

①等高线分析是指根据设置参数对隧道地形进行等高线分析,有3种模式的显示结果可进行选择:显示填充纹理、显示等高线、混合显示,如图7-47所示。这里的显示结果选用了混合显示,等高线颜色选用黑色,间隔为0.1,可见高度范围为0到9000,可见度为60%,在图中显示颜色为黄色的边框。

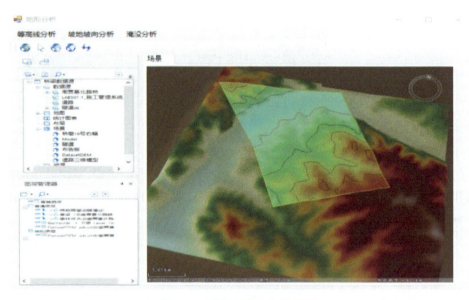

图7-47 隧道地形等高线分析结果

②坡度坡向分析是指根据设置参数对隧道地形进行坡度坡向分析查看,有3种模式的显示结果可进行选择:显示坡度、显示坡向、混合显示。这里显示结果选用了显示坡度,不透明度选择0%,分析的最小可见坡度为0,分析的最大可见坡度为90,选取边框颜色为黄色。

③风向分析是对隧道地形风向进行分析查看。

(3)三维量算

三维量算模块的主要功能是对地形和三维公路工程模型的空间属性进行计算,界面如图7-48所示。针对隧道模型,对隧道地形和模型进行三维和二维的距离计算、面积量算,如图7-49所示。视距曲线半径量算,通过选取目标段对隧道限界横断面、最大横净空、安全视距半径进行分析,如图7-50所示。量算时根据不同的量算结果选择不同的量算单位,例如距离量算可选单位包括米、千米等;空间量算可选择的单位包括平方米、平方千米等。为了方便记录每一次的量算结果,每次量算完成后可点击清空按钮进行数据清空。

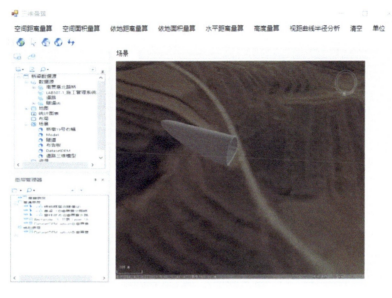

图 7-48 三维量算界面

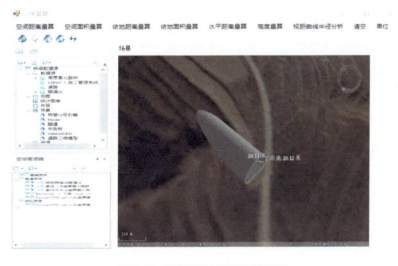

图 7-49 隧道模型空间距离量算结果

3）施工进度填报模块

公路工程施工前需要对施工进度计划进行编制，为整个施工做好前期工作。本功能主要是将进度计划进行录入并关联到项目模型中，进度计划编制详细到每个施工项目的分项内容，包含作业工程量、材料消耗量、机械设备准备数量。工程计划编制包括施工作业名称、起始里程、终止里程、工期、工程量以及具体的计划作业时间。可实现功能有录入、保存、打开场景、关联到模型、修改、清空文本。以隧道进度编制为例，如图 7-51 所示。

4）施工进度分析模块

施工进度分析功能可将计划施工进度和实际施工进度进行比对，目的是查看实际施工进度与计划施工进度是否出现偏差，偏差结果可通过施工横道图体现出来，如图 7-52 所示。

横道图清晰直观地展现了计划与实际施工的开始和结束时间,实际施工提前完工或延迟完工一目了然。

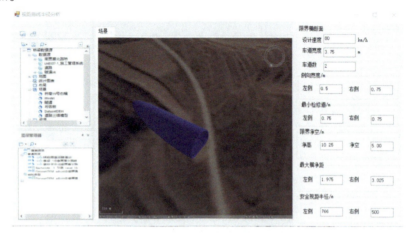

图 7-50　隧道视距曲线半径量算结果

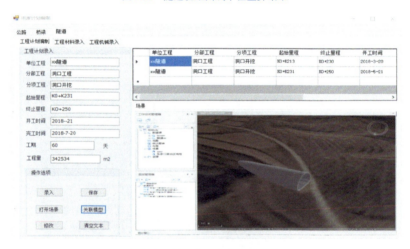

图 7-51　隧道进度计划编制界面

状态查询功能可通过关联 BIM 模型显示查询项目进度处于何种状态。根据项目的完成量划分为两种状态:完成、未完成。选取项目分部进行查询,具体完成比显示在文本框中,BIM 模型体现完成与未完成部位。以隧道洞口工程为例,如图 7-53 所示。

5)施工进度预测模块

施工进度预测模块包括进度预测、进度预警和进度调整三大功能。进度预测功能是根据基于 BIM + GIS 的进度预测模型对分项作业进行预测。通过选择隧道工程的分项工程,显示出进度计划图,并通过打开场景功能在模型中显示。根据进度计划图选择需要进行进度预测的作业单元,根据作业内容输入与之相对应的影响因素和用量,输入目标工期,即计划工期,点击预测按钮,所得预测结果显示在界面右下方。进度预警是将预测结果显示到三维模型中以达到预警效果。进度调整是根据预测结果将进度重新调整并更新到进度计划图中,如图 7-54 所示。

图 7-52　进口明洞进度分析

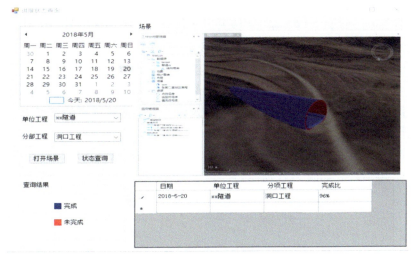

图 7-53　隧道项目进度状态查询

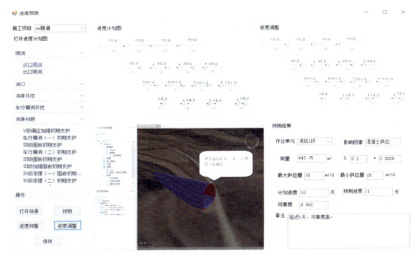

图 7-54　隧道项目进度预测

在隧道明洞施工过程中,以浇筑作业第一段为例,以混凝土供应作为浇筑作业的影响因素,浇筑作业持续时间为10d,浇筑混凝土总量643.75m³。

混凝土供应情况对浇筑第一段施工进度影响分析如下:

计划进度 $T_M = 10\text{d}$,混凝土供应为随机量,根据以往浇筑作业混凝土供应经验,其服从期望 μ 为 65m^3,方差为25的正态分布,记 $Z \sim N(65, 5^2)$。影响度 $|\varepsilon(x)| < \delta, \delta = 20\%$。$a$ 测度限值,这里取值0.0028。

混凝土供应的影响度表达式为:

$$\varepsilon(x) = \delta - ax = 0.2 - 0.0028x \tag{7-1}$$

若混凝土每天供应量 $x > 71.4\text{m}^3$,则影响度 $\varepsilon = 0$。

预测进度表达式为:

$$T_Y(x) = 10 + 10\varepsilon(x) \tag{7-2}$$

T_Y 服从期望 $\mu_{T_Y} = T_M(1 + \delta - a\mu) = 10 \times (1 + 20\% - 0.0028 \times 65) = 10.18\text{d}$,方差 $\sigma_{T_Y}^2 = T_M^2 a^2 \sigma^2 = 0.14^2$ 的正态分布,记为 $T_Y \sim N(10.18, 14^2)$。

混凝土供应量在 28m^3 到 70m^3 之间取值,记为 $x \in [28, 70]$。

$T_Y(70) = 10\text{d}$ 到 $T_Y(28) = 11.2\text{d}$ 之间取值的概率为 $P(10.0 \leq T_Y \leq 11.2) = 0.9015$。

预测结论:按照混凝土供应状态,第一段浇筑作业进度推迟1天的概率为0.9015,说明第一段浇筑作业施工进度可靠性高。

根据系统对分项工程的每个单元作业进行预测,按照预测结果对洞口工程进行进度调整并以进度计划图显示,如图7-55所示。

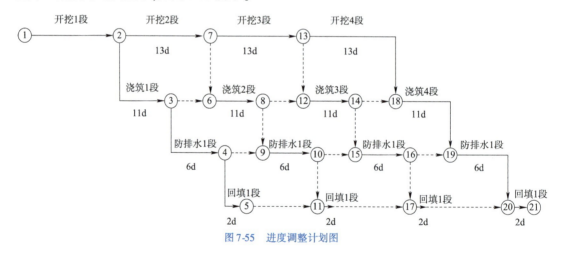

图7-55 进度调整计划图

通过开发基于BIM + GIS的施工进度管理子系统,对公路工程施工进行可视化管理,打破传统方式下的施工评价状态,完成公路工程的施工动态管理。结合道路、桥梁、隧道的实际建设需求,设计系统功能并对所有功能进行介绍。在系统中引入BIM模型和GIS技术,将三维宏观地理信息管理与微观模型相结合,体现了公路工程智慧工地建设这一研究方向,也有助于辅助相关部门对公路工程建设的管理。

7.4.3 施工质量管理子系统

1）概述

以沥青混凝土路面为例,对施工质量管理子系统进行设计和分析。在公路工程建设中,经常遇到沥青混凝土路面施工,该路面具有坚实、耐久、平整及防渗的优点,同时还有良好的抗滑性、温度稳定性和耐疲劳性。沥青混凝土施工工序繁多,从材料和拌和场地的选择到沥青混凝土拌制、运输、摊铺和碾压,每个环节都相当重要,如果发生错误,将导致路面的使用寿命减少,致使沥青混凝土路面较早出现开裂、推移、泛油和剥落等病害。所以必须按照施工规范,严格控制路面施工每个施工工序,科学施工,从根本上提高沥青混凝土路面施工质量,本书通过考虑各个施工工序的技术要点构建路面施工质量的评价方法。

沥青混凝土路面主要施工工艺如图 7-56 所示。施工质量评价指标体系分为目标层、对象层和指标层三个层次。对象层包括 4 个评价对象:基层清理及透层油施工质量、拌和质量、摊铺质量和碾压质量。施工质量评分值由基层清理及透层油施工质量、拌和质量、摊铺质量和碾压质量的分值加权得到,其公式如下:

$$Q = \sum_{i=1}^{4} N_i M_i \tag{7-3}$$

式中,Q 为施工质量评价得分值;N_i 为第 i 个评价对象的权重;M_i 为施工质量评价第 i 个评价对象的得分值;i 为评价对象编号($i = 1,2,3,4$),分别对应基层清理及透层油施工质量、拌和质量、摊铺质量及碾压质量。

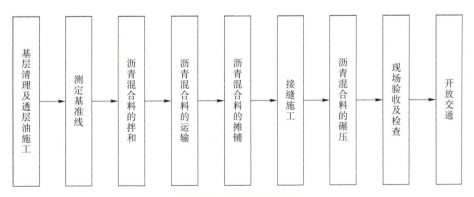

图 7-56 施工工艺流程图

通过实际情况,并参照相关规范,拟定评价标准详见表 7-11。

施工质量评价标准　　　　表 7-11

施工质量等级	优	良	中	次	差
施工质量分数	90～100	80～89	70～79	60～69	<60

2）参数录入模块

施工质量管理模块主要是对沥青混凝土路面施工质量进行评价,建立施工质量评价体系,共包含10个指标。应用层次分析法,确定各个路段的得分值,最终根据评判标准,确定各个路段路面施工质量等级。该模块由参数录入、指标分值分析和施工质量结果分析3个界面构成。

参数录入界面主要目的是将各个路段路面施工流程中基层清理面积、透层油喷洒面积、混合级配、拌和温度、摊铺温度、摊铺面积、摊铺速度、碾压温度、碾压速度、碾压遍数所对应的总体量值与不合格量值等数据录入数据库,供后续分析和计算使用。以录入路段ID为001001相关施工质量指标参数为例,如图7-57所示。

图7-57 指标参数值录入界面

3）指标值分析模块

指标分值分析模块的主要目的是计算得到各个路段指标层的不合格率得分值与对象层的得分值。首先是选择路段ID名称,勾选计算指标层不合格率,数据表中显示对应路段清理面积、喷洒面积、混合级配、拌和温度、摊铺温度、摊铺面积、摊铺速度、碾压温度、碾压速度、碾压遍数10个指标的不合格率,同时点击查看柱状图按钮,即可显示10个指标不合格率柱状图分布;其次勾选计算各指标层得分按钮,数据表中显示对应路段、清理面积、喷洒面积、混合级配、拌和温度、摊铺温度、摊铺面积、摊铺速度、碾压温度、碾压速度、碾压遍数10个指标的得分,同时点击查看柱状图按钮,即可显示10个指标得分柱状图分布;而后,勾选计算对象层各指标得分按钮,数据表中显示对应路段基层清理及透层油施工质量、拌和质量、摊铺质量、碾压质量4个指标的得分,同时点击查看柱状图按钮,即可显示4个指标得分柱状图分布;最后,当勾选对象层得分值后,点击保存到数据库按钮,可将对象层各个部分的得分值保存到数据库,供后续分析使用。以路段ID为001003为例,界面如图7-58所示。

图 7-58 指标值计算界面

4)施工质量结果分析模块

施工质量结果分析模块的主要目的是根据评价标准将各个路段路面施工质量得分值进行判定,确定每个路段路面施工质量等级,具体界面如图 7-59 所示。

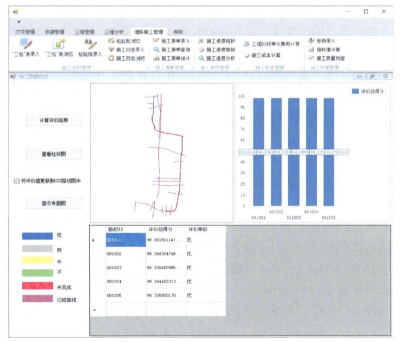

图 7-59 施工质量判定界面

计算评价结果:根据录入数据库中各个路段基层清理及透层油施工质量、拌和质量、摊铺质量、碾压质量4个对象层的得分值,计算每个路段路面施工质量评价总得分,同时划分优、良、中、次4个等级,最后将评价结果显示在数据表中。

查看柱状图:将各个路段路面施工质量评价总得分以柱状图形式直观显示。

显示专题图:选中"将评价值更新到GIS路线图中"单选框,点击显示专题图按钮,不同等级的路段显示不同的颜色,蓝色代表等级为优,灰色代表等级为良,黄色代表等级为中,绿色代表等级为次。

随着工程建设规模不断扩大、建设项目逐渐复杂、建设周期不断延长,新型的质量管理技术和控制体系应运而生。BIM+GIS融合技术可以为工程质量提供更多保障,从技术层面上为施工管理中提供良好的技术手段。基于BIM+GIS的施工质量管理子系统从路面施工工艺角度研究其技术要点,根据路面施工质量评价模型,应用层次分析法对各路段路面施工质量进行评价。可以在施工前对施工过程进行深入剖析,可提前把握质量控制关键点,从而大大降低质量事故发生的概率。可加深工程设计深度,完善相应的方案,为工程作业计划实施提供科学指导,提高工程整体质量。

本章参考文献

[1] 方磊,王立幼,叶铭.基于BIM与GIS的工程项目三维管理平台设计与实现[J].中国建设信息化,2018(16):70-72.

[2] 李满春,陈刚,陈振杰,等.GIS设计与实现[M].2版.北京:科学出版社,2011.

[3] 朱羚君.公路桥梁沥青路面施工技术及质量控制措施[J].交通世界,2019(Z1):68-69.

[4] GÖCER, HUA Y, GÖCER K. A BIM-GIS integrated pre-retrofit model for building data mapping[J]. Building Simulation, 2016, 9(5):513-527.

[5] 王雪青.工程项目成本规划与控制[M].北京:中国建筑工业出版社,2011.

[6] 汤圣君,朱庆,赵君峤.BIM与GIS数据集成:IFC与CityGML建筑几何语义信息互操作技术[J].土木建筑工程信息技术,2014,6(4):11-17.

[7] 吕书斌.基于BIM技术的建筑全生命周期的成本管理与应用[J].建材技术与应用,2014(2):63-64.

[8] 陈浩,沈艳松,郑慧捷.BIM+GIS在高速公路智慧隧道监控平台的应用研究[J].公路,2021,66(7):378-381.

[9] 张晖.BIM技术在棋盘洲长江公路大桥锚碇施工进度管理中的应用研究[J].公路,2020,65(2):187-193.

[10] WU B, ZHANG S. Intergration of GIS and BIM for indoor geovisual analytics[J]. International Archives of the Photogrammetry Remote Sensing & S, 2016, XLI-B2:455-458.

[11] 苟源芳.BIM+GIS技术在城市道路建设中的应用研究[J].山西建筑,2018,44(33):250-251.

[12] 余春宜,林洁.BIM技术在公路施工质量管理中的应用[J].建筑科学,2020,36(5):151.

第8章
公路工程智慧工地扬尘管理信息系统

8.1 系统概述

在实际公路工程施工过程中,由于受到各种因素(如施工器械、风速、温湿度等)影响,管理者需要实时、快速掌握施工现场的扬尘分布及等级,从而有针对性地采取降尘措施,以达到标准需求。但传统的人工监测决策的方式不能及时获取数据并生成反馈,影响了施工进度的推进,且该方式需要较多的人工数据采集、分析、决策及维修,成本高,不利于公路施工智慧化的发展。当前公路工程智慧工地扬尘管理信息系统的设计开发,应主要以公路施工扬尘分布、等级评定及处理方案智能决策为出发点。为方便管理者掌握施工现场整体及局部的环境监测数据,通过内置算法对扬尘分布进行分析管理及预测,便于整体调整施工方案,适当减少施工量或针对性实施降尘措施,降低在达到规定标准前因数据的不及时回馈产生的过多的成本投入,提高决策效率,减少成本浪费。

公路工程施工中污染问题尤为严重。同时,随着5G系统即将推广使用,以万物互联为基础,考虑多维因素的大数据绿色公路智慧施工方法或系统已经逐步成为未来施工的发展方向。以公路工程施工中所产生的 PM2.5、PM10 为主要考虑因素,分析气候特征及工地施工环境内外部影响因素,以大数据、物联网等新型技术为载体,建立云端数据存储平台,研发公路工程智慧工地扬尘管理信息系统,利用信息化手段实现施工环境智慧化监控管理,对实现工程施工绿色发展具有重要的现实意义。

考虑公路线性特征和施工扬尘分布的时空特性及公路施工过程中工程量大等特点,需要采用 GIS 对施工方案进行信息化,以便于管理。因此,采用 SuperMap Deskpro 平台实现数据的信息化,选用 SuperMap iObjects.NET 和桌面核心库进行程序的二次开发,因其具有技术成熟、功能全面等特点,便于公路工程智慧工地扬尘管理信息系统的二次开发及稳定运行。

8.1.1 系统需求分析

公路工程施工扬尘监测设备能获取各时间点的海量扬尘浓度信息,并通过数据传输功能将数据信息上传至云端数据库,这些海量数据信息需要通过有效的处理和计算,才能分析出数据的时空分布规律。因此,需要通过公路工程智慧工地扬尘管理信息系统挖掘监测数据,并与现场施工信息结合研究才能深度发掘监测数据的价值,达到监测数据与实际情况层面的高度统一。因此,系统在设计之初应坚持以下几点原则,方能体现公路工程智慧工地扬尘管理信息系统的真正意义。

(1)安全性:在科技化的时代,数据的安全性是每个系统必须满足的首要前提,系统的正常运行必须通过严密的安全保护。首先通过管理者对不同用户进行权限设定,并建立系统与数据库区分用户的双重安全措施,确定用户只能访问其被授权的功能和数据。其次实时对云端数据库数据进行本地备份,可以有效防止数据窃取、泄露、遗失等问题。同时应建立多种应急措施,如定期对安全措施进行评估和更新,保证在系统的安全性和数据的完整性上给予充足的保护。

(2)实用性:开发系统的目的是为了提高用户的工作效率、帮助用户完成相应的任务,则在系统开发时不能一味追求一些华而不实的设计,忘记系统开发的初心,设计的精美性应建立在追求系统稳定、准确、高效的基础上,将系统的实用性放在首位,追求更多的操作性,使系统能最大限度去满足现场施工的需求,从而使得实际监测效果能够被最大化地利用,管理者可以更加直观、全面地操作系统,为施工扬尘防治采取及时、合理的措施。

(3)时效性:系统开发的目的是为了对施工扬尘特征进行分析,保证特征分析准确性的关键在于数据采集、传输和调取的实时性。同时对数据进行专题图分析、扬尘扩散模型分析,有助于管理者了解施工现场的扬尘特性,并采取最佳的处理手段防治扬尘污染,在整个过程中数据的时效性显得至关重要,保障数据实效性实际上是保障了系统的精度。

(4)简便性:在系统开发过程中不盲目追求华丽复杂的界面设计,从大多数用户的使用体验出发,减少冗余功能、复杂操作等问题给用户带来的不便,尽可能在保证系统功能的同时将操作简便化,降低用户使用系统的难度。

(5)标准性:系统必须建立在标准化的基础上,保证系统开发环境的标准性,使系统在后期的使用、修改和维护过程中能够有序进行,同时数据格式、接口、编码格式等方面都需要满足相关规定的统一标准,保证系统准确、稳定的运行。

(6)稳定性:稳定性是评判一个系统能否正常运行的基本标准,保障系统稳定性除了应避免系统内部故障外,还需要设定紧急预案来处理系统的异常情况。通过云端数据库在本地数据库的定时备份,可以有效地解决系统可能出现的数据遗失问题,保证系统正常、稳定的运行。

8.1.2 系统结构设计

1)公路施工扬尘监测子系统

由于扬尘影响因素存在多样性、实时性等特点,所以需要从监测设备到监测系统整体全面对智能监测方案进行设计,例如选择监测设备、设置监测参数、规划监测点位及设计监测系统功能,以实现在公路施工过程中以搭建自动化采集设备为主体、局域网数据库为数据存储传输方式、公路施工扬尘监测子系统为管理平台的一体化公路工程智慧工地扬尘管理信息系统。公路施工扬尘监测子系统结构如图8-1所示。

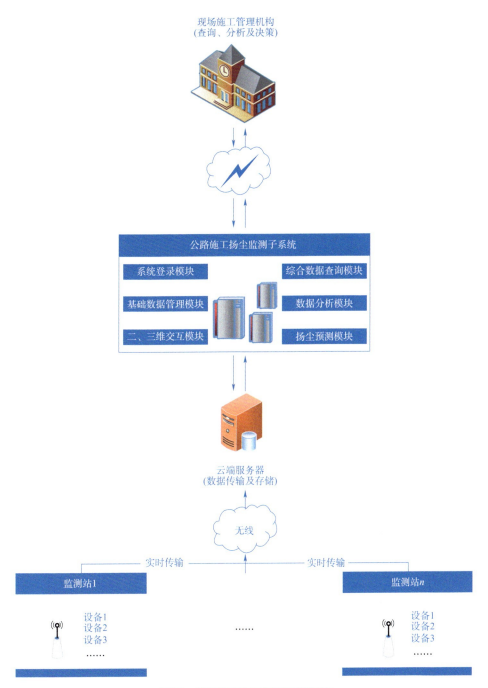

图 8-1 公路施工扬尘监测子系统结构

2)公路施工扬尘分析子系统

公路施工扬尘分析子系统分为数据采集层、数据处理层、数据应用层。其中数据采集层主要采集各现场监测站的扬尘监测数据、监测点的 GPS 位置数据、施工进度数据,以及数据库调取的施工现场环境数据,包括风速、风向、温度、湿度、大气压强等;数据处理层即运用云端服务器与系统来进行数据处理,通过数据采集层将所需信息上传至云端服务器并储存备份,系统连接云端服务器通过数据分析模块对所需数据进行模型处理;数据应用层即系统与施工现场的联动,通过系统的数据分析,以及实时监测模块和专题图展示模块对现场施工扬尘的产生及扩散机理进行生动的展现,公路施工管理部门根据现场情况合理进行扬尘污染的防治工作,达到对系统分析最高效的利用。公路施工扬尘分析子系统结构如图8-2所示。

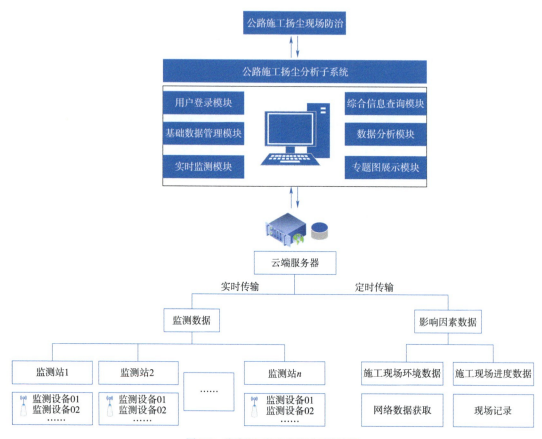

图8-2 公路施工扬尘分析子系统结构

8.2 系统功能设计

1)公路施工扬尘监测子系统

公路施工扬尘监测子系统主要由6个模块组成,公路施工扬尘监测子系统功能设计如图8-3所示。

(1)系统登录模块

系统登录模块包括用户登录、注册,用户信息管理及数据库信息验证,通过用户的注册和登录进入系统,同时用户有分级管理权限。

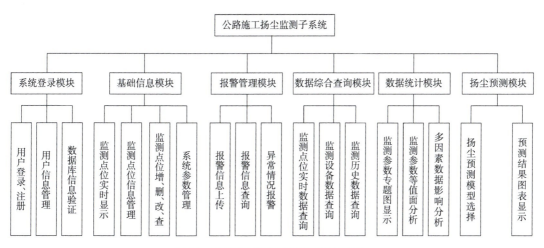

图 8-3 公路施工扬尘监测子系统功能设计

(2) 基础信息模块

基础信息主要是对监测点的设备基础信息、位置信息、运行状态等属性数据进行数字化管理,方便设备的监控和数据的监测。

(3) 报警管理模块

监测到的异常数据可以在系统里报警显示并上传至数据库,同时管理员对报警信息可以进行增、删、改、查等操作。

(4) 数据综合查询模块

选择要查询显示的监测点及监测元素,根据查询条件对监测点、监测设备实时和历史数据进行查询和导出。

(5) 数据统计模块

对扬尘监测数据按日、月、年不同单位进行统计,并将监测数据的平均值等数据按照饼图、柱状图等形式进行对比分析。

(6) 扬尘预测模块

通过调用 Office 控件进行数据的专题化显示,以历史监测数据通为基准,对扬尘进行实时预测。

2) 公路施工扬尘分析子系统

公路施工扬尘分析子系统主要由 6 个模块组成,各个模块对应不同功能,通过系统将其串联,公路施工扬尘分析子系统功能设计如图 8-4 所示。

(1) 用户登录模块

用户登录包括系统登录和数据库登录两个方面,用户可通过该模块进行登录、注册,通过对不同用户进行权限设定,从而提高系统及数据库的安全性。

(2) 基础信息模块

项目基本信息录入主要是对道路施工资料进行数字化管理,方便信息的存档、修改、查看,包括项目基本信息、施工人员信息、施工器械信息等方面。项目进度信息录入是通过将施工进度及时录入系统中,便于项目管理者及时了解现场施工状态,合理制定进度计划安排。监测设备信息管理主要是对设备 IP、位置、状态等属性数据进行数字化管理,方便管理人员进行定期检修、故障报修等工作。

(3)实时监测模块

通过监测设备进行施工扬尘数据的实时采集,并实时记录现场特征数据,通过实时曲线图对数据进行展示。

(4)综合信息查询模块

系统可以对监测点位数据、施工信息、历史数据进行多条件查询,决策者根据需要查询相应条件数据,系统通过文本或图形进行对应数据展示,展示结果可以通过系统进行导出,便于决策者更科学地进行项目决策工作。

(5)数据分析模块

系统对施工扬尘进行时间维度与空间维度的浓度分析,助力项目管理部门更加高效地进行扬尘治理工作。

(6)专题图展示模块

系统以专题图的方式对施工扬尘影响因素和扩散特征进行图形展示,使得项目管理者能够更加直观地获取施工现场环境状况。

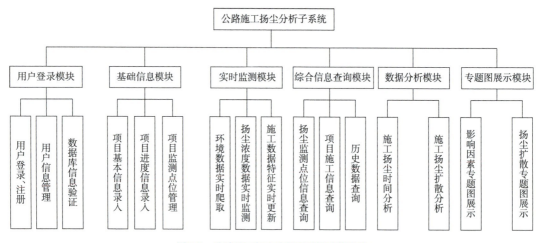

图 8-4　公路施工扬尘分析子系统功能设计

8.3　数据库设计

在公路工程智慧工地扬尘管理信息系统中,所需数据主要被划分为空间数据和属性数据,下面将对各类数据库进行详细的介绍。

数据库设计和管理思路为:首先通过 GIS 软件将施工设计图纸信息化,即绘制设计中建设或改建的路桥信息,同时将附近已建基础设施进行绘制、录入,形成基础空间数据集;然后将其保存为数据库型数据源,方便进行统一存储及管理,将空间数据储存在可索引的二进制文件中,属性数据存储在关系表中。空间数据和属性数据之间用共同标识码互相调用,实现空间数据和属性数据的联动，在调用机制上实现空间数据与属性数据的一体化，有利于系统开发后对空间数据和属性数据的访问和显示。

8.3.1 空间数据设计

本系统首先使用 GIS 管理软件对设计图纸进行信息化处理，生成具有空间数据结构的矢量数据集，包括设计中的点、线、面矢量数据集，如公路、立交匝道、桥等结构，在监测站位置规划以后，通过新建监测点位点数据集对监测站的信息进行管理，并为其设计相应的数据表以获取传输的监测数据，同时支持后续管理功能应用中的专题图分析等。

1）点数据集属性表设计

点数据集主要描述监测点位上监测设备的 ID、IP、位置、监测参数、时间等信息，其属性表结构详见表 8-1。

点数据集属性表　　　　　　　表 8-1

名称	别名	字段类型	长度
设备编号	SmID	64 位整型	4
X 坐标	SmX	双精度	8
Y 坐标	SmY	双精度	8
用户 ID	SmUserID	64 位整型	4
设备尺寸	SmGeometrySize	64 位整型	4
设备位置	SmGeoPosition	64 位整型	8
经度	Longitude	双精度	8
纬度	Latitude	双精度	8
PM10 浓度	PM10	双精度	8
PM25 浓度	PM25	双精度	8
风速	Wind	双精度	8
温度	Temperature	双精度	8
湿度	Humidity	双精度	8
设备 IP	SmIP	文本型	255
监测时间	Time	日期	8
运行状态	State	文本型	255

2）线数据集属性表设计

线数据集应严格参照设计图纸，在施工所在地附近地形基础上进行地理信息绘制录入并进行属性表的结构设计,以 1 公里为最小间隔进行划分,同时属性表应具备地图元素名称、是否存在、起始桩号、终止桩号、公路等级、长度、车道数、速度信息,属性表详见表 8-2。

线数据集属性表 表 8-2

名称	别名	字段类型	长度
元素名称	Name	文本型	255
是否存在	IsExist	文本型	255
起始桩号	Start_mileage	文本型	255
终止桩号	End_mileage	文本型	255
长度	Length	双精度	8
公路等级	Rank	文本型	255
车道数	Lanes	双精度	8
速度	Speed	双精度	8

8.3.2 属性数据设计

属性数据是用来描述系统涉及的各类要素间的非空间因素关系,根据其用途可以分为动态数据和静态数据。动态数据指监测参数、监测时间、监测点位位置变化等,用于搭建系统整体数据库数据结构,实现数据同步。静态数据指人员和设备基础信息等,在系统运行过程中主要作为控制或参考用的数据,它们在很长的一段时间内不会变化,一般不随运行而变。

1)静态数据

静态数据存储在系统中通过调取使用,但是不需要频繁更新的基础属性数据,主要包括:用户登录信息表、监测站信息表。

(1)用户登录信息表

用户登录信息用于记录存储应用管理人员的详细信息,在登录系统时进行用户判定,并根据其用户等级赋予不同等级的权限,是系统安全运行的基础,其结构详见表 8-3。

用户登录信息表 表 8-3

名称	别名	字段类型	长度
用户名	UserName	文本型	10
用户 ID	UserID	文本型	50
密码	Password	文本型	50
权限	Permission	文本型	10
验证信息	AuthenticationInfo	文本型	8

续上表

名称	别名	字段类型	长度
手机号	PhoneNum	文本型	50
性别	SEX	文本型	10
所属单位	Unit	文本型	50
所属部门	Department	文本型	50
最近一次登录时间	LoadTime	日期	8

(2)监测站信息表

监测站信息表用于存储监测站的基础信息,通过管理系统对设备进行查询管理,监测站的运行状态、参数设置、管理人员等信息,其结构详见表8-4。

监测站信息表　　　　　　表8-4

名称	别名	字段类型	长度
设备编号	SmID	双精度	8
设备IP	SmIP	文本型	255
经度	Longitude	双精度	8
纬度	Latitude	双精度	8
运行状态	State	文本型	255
维护人员姓名	Name	文本型	255
维护电话	Tel	文本型	255
设备修改时间	ModifyTime	日期	8
传感器类型	Type	文本型	255
传感器型号	Model	文本型	255
单位	Unit	文本型	255
传感器更新时间	UpdateTime	文本型	255

2)动态数据

动态数据即在系统运行过程中,能够及时获取并更新数据。系统中主要的动态数据有监测站获取的各种监测参数的数值,以及用户在使用过程中做出的系统反馈信息,这些数据要求更新频次较高,具有较强的时效性。动态数据主要包括:监测站数据表、服务器数据表、数据接收表。

(1)扬尘监测数据表

在进行动态数据设计时,规定监测站获取数据的频次为5min一次,每个监测站的数据库具有存储所有监测参数的能力,但由于自身机能限制,需要制定定时上传及清理规则,每 1h 进行 1 次数据上传,将数据汇总传输至服务器中,服务器对所有监测站的数据进行存储管理,同时每隔 1 个月进行一次数据清理,为监测站提供充足的剩余存储空间以保证系统的正常持续运行。监测站数据详见表 8-5。

监测站数据表　　　　表 8-5

名称	别名	字段类型	长度
经度	Longitude	双精度	8
纬度	Latitude	双精度	8
PM10 浓度	PM10	双精度	8
PM25 浓度	PM25	双精度	8
风速	Wind	双精度	8
温度	Temperature	双精度	8
湿度	Humidity	双精度	8

在进行数据同步时,服务器通过监测站信息表获取设备 ID、IP 等基础信息,以 ID 为连接字段获取监测站的监测数据实现数据的更新。服务器数据表用于每小时进行的数据汇总,详见表 8-6。

服务器数据表　　　　表 8-6

名称	别名	字段类型	长度
设备 IP	SmIP	文本型	255
设备编号	SmID	双精度	8
经度	Longitude	双精度	8
纬度	Latitude	双精度	8
PM10 浓度	PM10	双精度	8
PM25 浓度	PM25	双精度	8
风速	Wind	双精度	8
温度	Temperature	双精度	8
湿度	Humidity	双精度	8
监测时间	Time	日期	8

服务器在系统中起到的作用是数据存储、中转,用于汇总所有监测站获取的监测数据,同时为系统提供数据基础,因此其不能单独使用,需要建立相应的动态数据表进行数据接收,才能通过管理系统实现数据统计分析及预测。其中,数据接收表详见表 8-7。

数据接收表　　　　　　　　　　　　　　　　　　　　　　表8-7

名称	别名	字段类型	长度
用户ID	SmUserID	32位整型	4
设备编号	SmID	双精度	8
经度	Longitude	双精度	8
纬度	Latitude	双精度	8
PM10浓度	PM10	双精度	8
PM25浓度	PM25	双精度	8
风速	Wind	双精度	8
温度	Temperature	双精度	8
湿度	Humidity	双精度	8
监测时间	Time	日期	8

(2)施工现场组织表

施工扬尘的产生及扩散,不仅仅受温湿度、风速等自然因素的影响,施工现场采用的施工机械、施工方法及堆放的施工材料的黏滞度均会对扬尘扩散产生不可忽视的影响。因此,为了实现全面、客观的扬尘影响因子分析,需要对自然因素、施工机械和施工材料等因素分别进行监测。其中,施工机械使用情况详见表8-8。

施工机械使用情况表　　　　　　　　　　　　　　　　　表8-8

名称	别名	字段类型	长度
项目名称	Project_name	文本	255
填报人	Name	文本	255
审批状态	Approve	文本	255
日期	Datetime	日期	8
项目编号	Project_num	文本	255
设备名称	Machine_name	文本	255
检查情况	Exam	文本	255
规格型号	Model	文本	255
开始桩号	Start_mileage	文本	255
终止桩号	End_mileage	文本	255
单位	Unit	文本	10
需用量	Amount	双精度	8

基于以上需求,同时设计了施工材料的动态填报表,为管理者进行更全面的施工扬尘排放因子分析提供基础数据,施工材料使用情况表详见表8-9。

施工材料使用情况表　　　　表8-9

名称	别名	字段类型	长度
项目名称	Project_name	文本	255
填报人	Name	文本	255
审批状态	Approve	文本	255
日期	Datetime	日期	8
项目编号	Project_num	文本	255
材料名称	Material_name	文本	255
规格型号	Model	文本	255
开始桩号	Start_mileage	文本	255
终止桩号	End_mileage	文本	255
单位	Unit	文本	10
堆放用量	Amount	双精度	8

8.3.3 数据库管理

通过需求分析和系统设计可以得出系统不仅要实现数据的实时监控,更重要的是实现数据统计、分析及预测。其对数据量的要求很高且不能降低参数监测频率,不然便失去数据实时分析能力。因此,数据库首先应保持实时的数据连接,在出现因突发事件而导致连接中断的情况下仍能保证监测站独立数据获取和数据存储,在连接恢复时提供本地文件导入或近期文件快速同步功能,严格保证数据的完整性。同时,由于公路施工是一个线型施工现场,所以为减少冗余设备的投放,应根据工程进度随时更改监测站的位置及参数。再者由于对系统有不可间断的要求,数据库必须具备长时间稳定运行的能力,提供足够庞大的存储空间,同时设定定时清理备份、清理功能,以保证数据的时效性。

8.4 系统功能实现

8.4.1 公路工程施工扬尘监测子系统

公路工程智慧工地扬尘管理信息系统通过数据中心连接各监测站获取实时数据,以监测子系统为平台对数据进行实时分析处理。在技术上,公路施工扬尘监测子系统以公路施工扬尘排放及预测模型为核心,融合BIM和GIS技术,实现现场数据与监测子系统之间的及时可视化交互。

（1）系统以施工现场二、三维模型数据为基础,将动态数据赋予模型并提供属性数据及空间数据的一体化查询。

（2）系统能够对采集数据及存储模型数据进行基础的数据查询、管理；具备以扬尘预测模型为基础的预测模块,为决策者提供前瞻性控制,提高管理效率。

（3）完善的可视化管理技术,提供公路施工组织的三维化进程展示管理及地理信息系统的便捷管理功能,不仅为公路施工扬尘提供智能管理能力,还具备对施工组织可视化管控的能力,提高公路施工管理部门的管理能力。

1）系统主界面

系统界面由顶部功能栏、左侧项目管理区、中间地理信息显示区、右侧属性信息区组成。其中功能栏主要由用户操作、地图操作、实时监测、二三维交互展示、综合数据查询、监测数据统计、扬尘预测及帮助共8个模块组成,每个模块对应不同的系统功能,负责承载系统功能的切换；项目管理区由工作空间管理器和图层管理器组成,用于对打开的工程项目进行图层展示和管理；地理信息显示区负责以图形方式对所打开的工程项目进行可视化及后期的数据可视化操作；属性信息区用于实时显示监测设备获取的监测数据并支持属性信息的增、删、改、查,系统二维主界面和系统三维主界面如图8-5和图8-6所示。

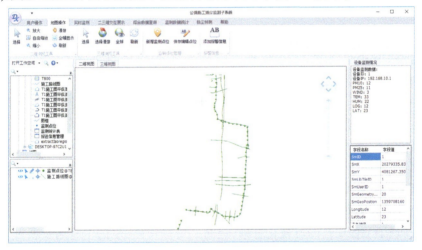

图8-5　系统二维主界面

通过对公路施工扬尘管理进行需求分析、特性分析,针对性提出可以有效结合公路施工特点及扬尘管理的系统开发方案,系统将从基础监测数据管理、监测数据二三维交互、监测数据综合查询、监测数据统计及预测几个方面出发,建立监测-管理-查询-统计-预测五位一体的总体架构。

（1）菜单栏主界面顶部功能栏构成

①用户操作包括用户信息：用户登录、注册、修改、注册；数据库信息：数据库连接。

②地图操作包括二维浏览工具：选择、放大、缩小、自由缩放、全幅显示、漫游及刷新；三维浏览工具：选择、漫游、全球、刷新。

③实时监测包括实时操作：实时更新、暂停更新、查看观测点数据；专题图显示：PM10、

PM2.5、温湿度、风速影响范围显示、等值面分析。

图 8-6　系统三维主界面

④二三维交互展示包括二三维交互、二维数据查询、三维数据查询、三维展示。

⑤综合数据查询包括多条件综合查询、施工进度查询、用户信息查询、查看报警信息、三维模型查询、施工路线查询。

⑥监测数据统计包括按日统计、按月统计、按年统计、污染排名分析。

⑦扬尘预测包括公路施工扬尘预测。

⑧帮助包括项目设计图、使用说明、相关规范等。

(2) 工程项目展示、管理

系统主界面作为系统主要功能体现界面，提供了工程项目打开及管理功能，可以通过点击"打开工作空间"打开本地保存的工作空间，通过点击"数据库连接"可打开存储在服务器中的工程项目，在打开工作空间后将在左侧项目管理区分别显示工作空间信息及图层管理信息。系统支持双击及拖入两种方式将数据集加载至地理信息显示控件中，以可视化方式对工程项目进行展示、管理。本界面可以直观地显示施工工程路线图、监测点位地理分布及具体信息，实现了工程项目的可视化管理，提高了可操作性，使扬尘监测及项目管理更易于理解及操作。

(3) 实时监测数据显示

由于本系统需要实时获取施工现场监测点位监测数据，以满足系统需求的时效性，因此主界面在用户登录及连接数据库后将在服务器发生数据更新时自动获取最新数据，并在主界面右侧的设备监测情况区更新显示，实现监测数据的动态更新功能。这便于管理者掌握施工现场情况并及时做出应对措施，从而达到降低公路施工过程中的扬尘排放及扩散的目的。

2) 用户管理

(1) 用户登录、注册、修改、注销

安全可靠的系统应具有用户权限设定，首先管理者必须通过登录用户信息才能进入系统主界面,之后根据账号权限等级赋予用户不同的应用权限,确保系统的安全性,新用户可以通过用户操作里的用户信息注册、修改进行注册,在切换用户时需要进行用户信息注销操作,才能继续系统的使用,用户登录界面如图8-7所示。

(2)数据库连接

由于系统是基于C/S架构进行设计的,为防止非专业人士进行错误操作,设计了登录服务器的方式进行数据库连接,连接成功后才能对服务器中获取及存储的数据进行管理,服务器登录界面如图8-8所示。

图8-7 用户登录界面　　　　　图8-8 服务器登录界面

3)施工计划管理

(1)二三维浏览

本系统基于公路工程施工需求设计,实现了公路工程的线路基础信息查询浏览功能,同时也提供了施工项目三维模型的浏览展示,以方便结合扬尘监测数据更加直观地分析监测数据对施工项目的影响,因此系统提供了完整的二三维图浏览功能,可以实现GIS地图、三维模型的缩放、全幅显示、刷新等浏览功能。

(2)监测点位管理

监测点位管理中提供新增监测点位和保存编辑点位功能,点击新增监测点位按钮后光标将转换为十字形式,用户可以在GIS图中指定点位新建监测点位并在右侧字段管理中进行基础信息填写、更改。对需要修改属性信息的点位,可以通过单击操作直接修改右侧基础信息,在完成修改后点击保存编辑点位按钮完成基础属性信息的修改保存。本功能可以实现在施工现场施工点位需要进行增删改时GIS图的同步更改,监测点位管理如图8-9所示。

(3)添加检测设备报警信息

系统运行过程中难免会发生突发情况,需要记录,因此设计报警信息管理功能,在发生突发情况时,首先点击发生状况的点位,然后点击添加报警信息后弹出的报送信息管理界面,管理者可以对报送人基础信息、问题发生地点及问题描述进行记录并保存至服务器,便于后期故障原因的查询。添加检测设备报警信息如图8-10所示。

(4)添加施工机械使用情况

施工环境下扬尘产生及扩散的原因不仅有自然因素,施工机械的使用情况也会很大程度影响扬尘的产生,如运输车辆在运输过程中因碾压引起的地面气压变化会促使地面扬尘的产生及扩散,材料的移动及堆砌也是重要的扬尘来源。因此,若想对施工现场的扬尘进行管理,也应对每日的施工机械使用情况进行录入,方便后期的查询及扬尘影响因素的综合分析,该界面支持范围内施工机械全面信息的录入及保存。添加施工机械使用情况如图 8-11 所示。

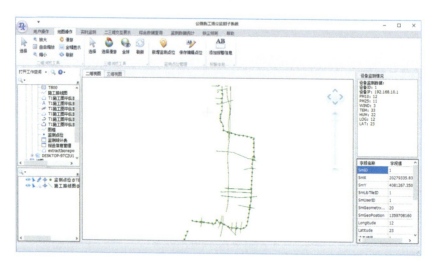

图 8-9　监测点位管理

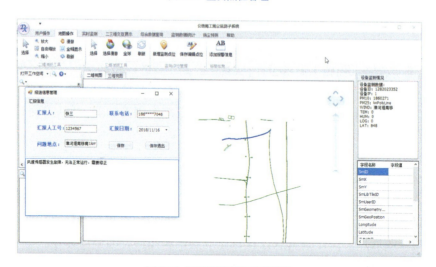

图 8-10　添加检测设备报警信息

(5)添加施工材料使用情况

施工材料的使用是施工过程中的主要扬尘来源,工程露天堆放的渣土等在人力、风力等因素影响下极易形成扬尘,而不同的施工材料如水泥、砂石等也会一定程度上形成扬尘,在装卸及二次加工过程中若没有采取恰当的控制措施,一定程度上会形成扬尘污染。基于以上原因,需要对施工现场每天使用、堆放的材料进行录入,便于后期的扬尘分析。添加施工材料使用情况如图 8-12 所示。

图 8-11　添加施工机械使用情况

图 8-12　添加施工材料使用情况

4）扬尘实时监测

（1）实时操作

①实时更新及暂停更新：用于切换监测数据与 GIS 图之间是否实时交互的状态，当需要对某时刻数据进行深入查询使用时，通过暂停实时更新，使监测状态及监测信息处于某一固定时刻，便于对当前状况进行深入管理，在完成管理后可以再通过点击实时更新按钮，切换至数据实时更新状态，维持与服务器之间的实时交互状态。

②查看观测点数据：由于检测设备获取的数据具有实时性，地理信息系统的动态数据集处于不断更新的状态，而主界面每次只能提供一次点位数据的查询显示，当需要对某点位监测元素的历史数据进行查看时，需要调用查看观测点数据界面，界面不仅提供当前设备监控信息，更提供了监测元素历史数据查询。在打开界面时，状态栏显示当前查询设备的基础信息、状态及监测时间，点击不同监测元素按钮可以提供设备不同监测元素的短时间内的历史数据，并以折线图及表格两种形式进行展示，可以通过历史数据趋势进行短期预测。查看观测点数据功能如图 8-13 所示。

图 8-13　查看观测点数据功能

（2）专题图显示

①参数影响范围显示：公路施工扬尘监测子系统不仅需要提供监测数据的实时更新，单以数据形式展示并不能形象将监测点位与监测数值结合，为了体现 GIS 系统在数据分析方面的优势，本系统提供了监测数据影响范围专题图的生成功能，以范围形式表示监测参数的大小，并以文字形式对其监测数值进行展示，从而在整体角度上直观地表达各监测点位观测参数的程度。参数影响范围显示功能如图 8-14 所示。

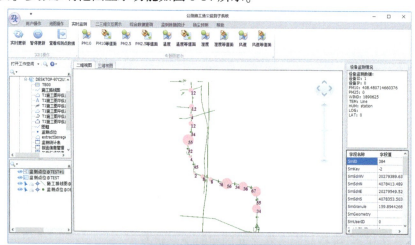

图 8-14　参数影响范围显示功能

②等值面分析:沿着某一特定的等值面,可以识别具有相同值的所有位置。通过查看相邻等值线的间距,可以大致了解值的分布层次,因此等值面在参数监测方面具有重要作用。因此基于以上特点,系统在实现了参数影响范围专题图显示后,提供了各监测参数等值面专题图生成功能,以监测数据为标准,通过算法进行等值面分析,从而将点数据转换为面影响数据,从整体上展示监测元素的分布情况。管理者可以直观地通过生成的参数等值面专题图观察所监测参数的整体分布情况,不局限于单个点位的数值分析,从而实现通过点位监测达到施工现场整体参数分布状况的目的。等值面分析功能如图8-15所示。

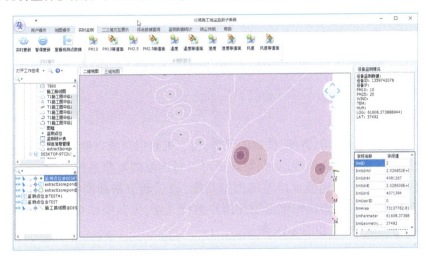

图 8-15　等值面分析功能

5)二三维交互展示

(1)二三维交互

数据监控系统设计以公路施工设计图为基础,因此所设监测点位应结合设计路线图,同时因公路施工是动态施工过程,需实时保持施工进度与监测数据的同步。在进行公路施工管理时,为了进一步满足管理者对施工现场的施工状况的掌握,对公路施工设计图及基础设施实现了三维化,系统支持二维 GIS 信息与三维模型之间的交互查询。管理者可以通过指定条件在打开的二三维工作空间中显示符合条件的视图,选中二三维交互控件实现二三维视图之间的属性连接,管理者即可实现通过点选 GIS 数据集就能展示对应的三维模型的功能。二三维交互展示如图 8-16 所示。

(2)二维数据查询

系统中的二维数据由施工路线设计图、基础设施及施工点位等组成,管理者可以通过选择二维数据查询功能对存储在服务器中这些数据进行查询,以满足公路施工扬尘管理中公路施工管理的需要,管理者通过系统不仅能对监测数据进行查询分析,还可以通过查询监测点位附近基础设施及施工项目,进行宏观管控。

(3)三维数据查询

与二维数据查询同理,系统中三维模型数据信息均存储在服务器中,系统提供了数据接口进行三维数据查询,有助于对施工工程项目进行更深入地了解。

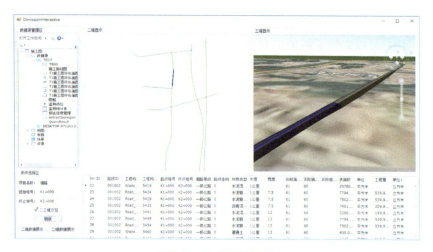

图 8-16　二三维交互展示

(4) 三维展示

虽然二维信息具有简单、方便、快捷的优势,但二维数据只能以静止方式进行展示,当项目需要以三维模式进行直观地表达时,管理者可以对选取的对象进行三维建模、展示,实现立体浏览功能。系统三维建模支持基础浏览功能,通过调节基础浏览参数,可以从任意角度、方向对模型进行展示,该操作可以增加用户的代入感,提高操作互动性。桥梁三维展示和公路三维展示如图 8-17 和图 8-18 所示。

图 8-17　桥梁三维展示

6) 综合数据查询

(1) 多条件综合查询

选择多条件综合查询功能,会弹出条件筛选和数据展示框,设定查询和导出条件,选择要查询显示的监测点及监测元素,点击查询按钮即可对历史监测数据进行多条件综合查询。本功能提供基于设备编号、设备 IP、时间段选择、监测参数、设备运行状态等多条件历史查询功能,并支持多种方式导出功能,便于管理者对查询结果的本地导出,如图 8-19 所示。

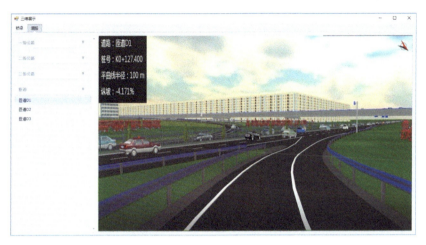

图 8-18　公路三维展示

图 8-19　多条件综合查询

（2）施工进度查询

施工进度是一个动态监测过程，而系统支持将施工进度实时存储及管理，管理者可以通过施工进度查询功能指定查询条件，对总体施工进度及各子项目的施工进度进行查询，结果以表格方式展示，如图 8-20 所示。

（3）用户信息查询

系统在用户使用过程中会自动记录用户信息、用户信息变动及用户登录信息等，并将记录存储在数据库中。管理者可以通过用户信息查询功能选择需要查询的内容，也可以指定查询条件进行查询，结果以表格形式进行展示，如图 8-21 所示。

（4）报警信息查询

当发生突发问题时，需要检测者通过系统及时上传报警信息，并将结果存储在服务器中。管理者可以通过报警信息查看功能对历史报警信息进行条件查询，及时做出适当的应急措施。系统提供条件查询及自定义查询两种方式，当查询无法满足用户需求时，用户可以采用自行书写数据库查询语句进行信息查询，结果以表格形式展示，如图 8-22 所示。

图 8-20 施工进度查询

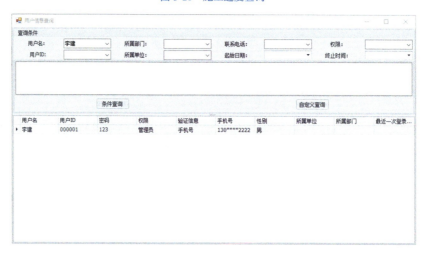

图 8-21 用户信息查询

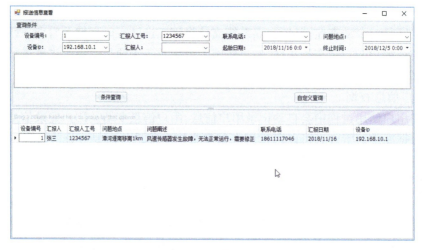

图 8-22 报警信息查询

(5)施工机械使用查询

基于施工机械对施工组织及扬尘产生、扩散的影响程度,系统提供了施工机械查询功能,不仅可以对当天的施工机械使用情况进行录入查询,还支持历史数据多条件综合查询。用户可以选取功能指定查询条件对历史机械录入信息进行查询,也可以通过自定义查询语句进行查询,并将结果以表格形式进行展示,如图8-23所示。

图8-23 施工机械使用查询

(6)施工材料使用查询

鉴于施工材料为扬尘产生及扩散的主要来源,施工过程中材料的种类、用量及堆砌方式均在很大程度上影响扬尘监测结果。若监测扬尘浓度较高但材料的使用不规范或用量过大,管理者可以通过查询结果采取正确的堆放方式,或减少多余的材料应用,避免盲目采用淋喷的方式进行降尘,从而降低管理成本,因此系统需提供全面的施工材料查询功能为管理者提供借鉴。施工材料使用查询界面如图8-24所示,支持对施工项目、材料种类、用量、地理位置等条件的综合查询,且提供自定义查询功能。

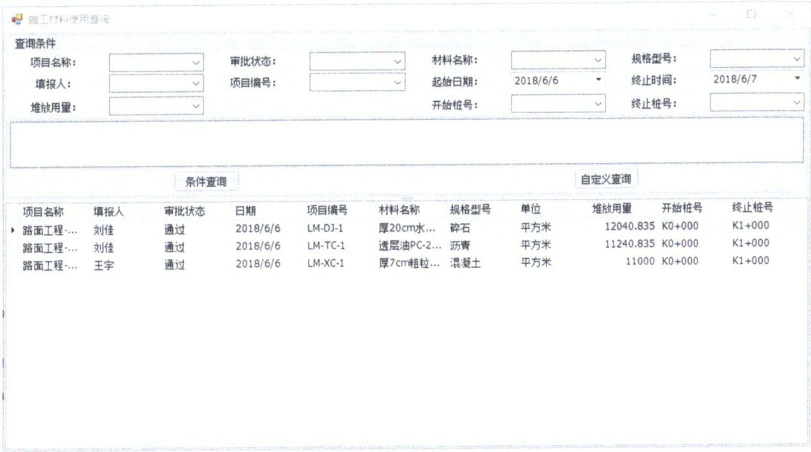

图8-24 施工材料使用查询

7)监测数据分析

(1)日统计

本功能的数据统计以小时为最小单位,因此按日统计功能区别于其他两种统计功能,仅支持对所选日期内监测点的监测参数小时趋势图、柱状图展示。条件统计为所选条件下每日符合条件的小时数数值对比,如图8-25~图8-29所示。

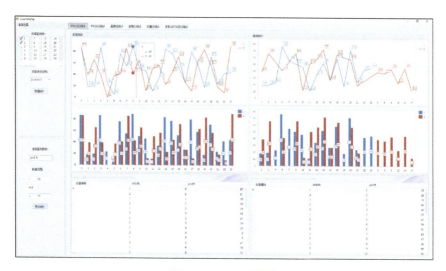

图8-25 PM2.5 日统计

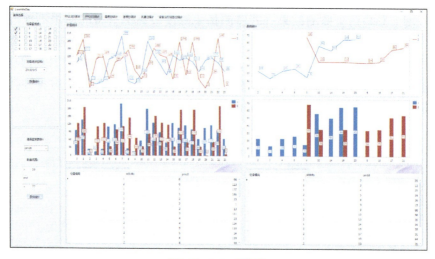

图8-26 PM10 日统计

(2)月统计

本功能与按年统计功能类似,但选择范围为月,系统支持对所选月份进行每天的平均值、最大值统计,结果以图文展示。支持对该月每天符合条件的小时数量统计柱形图展示,占比以饼状图展示,监测点位可以选择多个监测点同时进行对比分析,如图8-30所示。

公路工程智慧工地扬尘管理信息系统 第8章/下篇

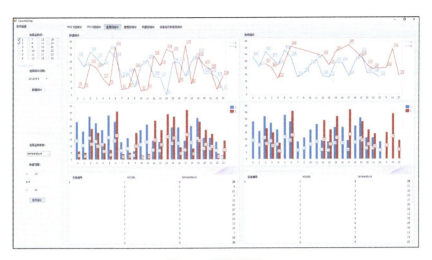

图 8-27 温度日统计

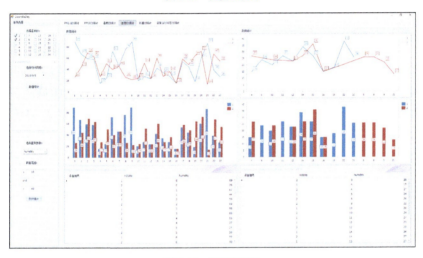

图 8-28 湿度日统计

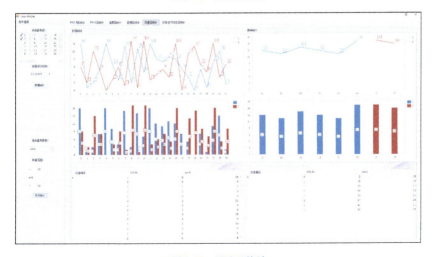

图 8-29 风速日统计

图 8-30　PM2.5 月统计

（3）年统计

当施工工期较长时,需要对一年内的监测数据进行统计分析,并以月份为基准进行监测数据平均值的趋势图、最大值统计柱形图的展示,统计结果以表格形式输出。同时支持选择监测参数、取值范围的条件统计,每个月份符合条件的日期总数以柱状图展示,各月份之间占比以饼状图展示,统计结果以表格的形式输出,支持对设备运行状态的统计分析,如图 8-31 所示。

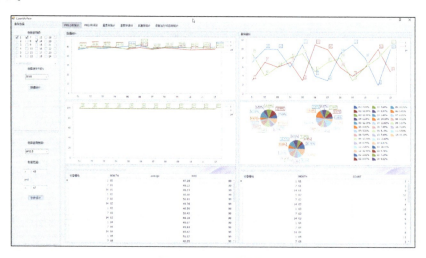

图 8-31　PM2.5 年统计

8）扬尘预测

系统提供扬尘预测功能,本功能调用 Office 控件进行数据的专题化显示,通过与实时监测数据库、历史监测数据库建立连接,内置 6 种趋势线函数对 5min 内获取的数据进行趋势模拟,以图表方式进行趋势结果的展示;以扬尘预测模型为理论基础对 5min 数据进行短期实时预测,由于涉及的算法复杂,在运行时会出现延时,预测结果以红色标识,训练数据以蓝色标识进行区分,如图 8-32 所示。

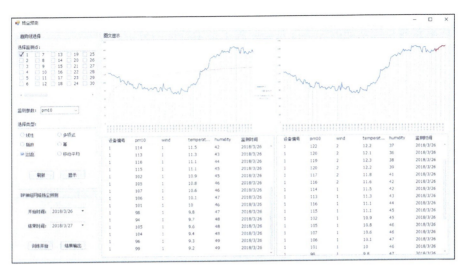

图 8-32　扬尘预测界面

在进行趋势线展示时需选择监测点位、监测参数,然后进行趋势线模拟,如图 8-33 ~ 图 8-36 所示。在进行扬尘短期预测时需选择训练数据时间段,系统将以所选时间段的各影响因子和扬尘浓度进行训练,对未来 1h 数据进行短期预测。

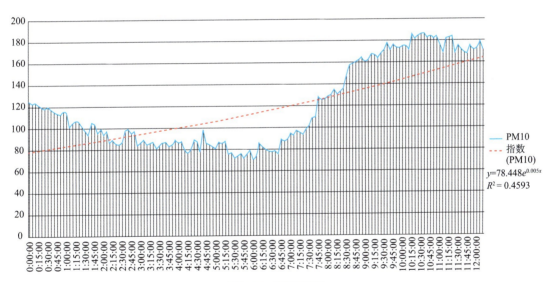

图 8-33　指数趋势线

8.4.2　公路工程施工扬尘分析子系统

1) 系统主界面

公路工程施工扬尘分析子系统是结合公路施工特征及公路基层施工扬尘扩散模型的系统开发方案,系统主界面如图 8-37 所示。

公路施工扬尘分析子系统系统菜单栏包括:用户操作模块、基础数据管理模块、实时监测模块、综合信息查询模块等,各模块下拉菜单栏如图 8-38 所示。每个模块对应不同的系统功能,均承载着系统功能的切换以及公路施工扬尘特征的分析。

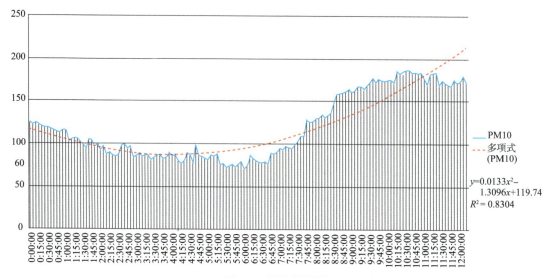

图 8-34　多项式趋势线

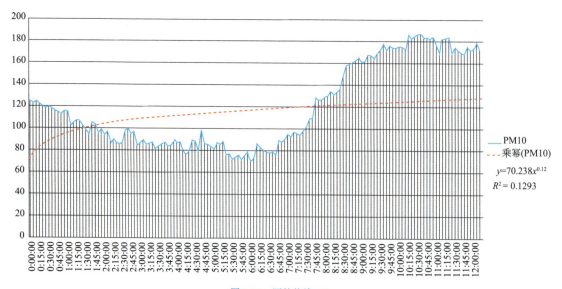

图 8-35　幂趋势线(1)

2)用户操作模块

在用户操作下拉菜单栏中,主要包括用户登录、连接数据库、新用户注册、注销 4 个功能,方便用户应用权限对系统进行操作管理。

管理者必须在用户登录之后才能对系统进行后续操作,为了方便施工单位进行管理,通过注册新用户进行新员工的登记,同时也可以通过用户注销完成离职员工的权限收回,登录界面如图 8-39 所示。

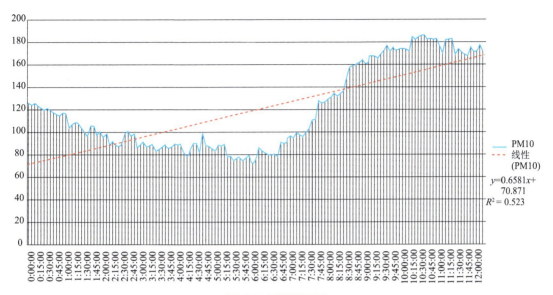

图8-36　幂趋势线(2)

图8-37　公路施工扬尘分析子系统主界面

系统能被广泛使用的基础是安全,从系统安全性出发为了防止系统被恶意操作造成数据库的损失,设定了数据库连接登录功能,是对系统安全的二次防护。用户通过服务器IP、用户名及密码连接至阿里云数据库,再通过数据库名称及密码连接到对应的系统系数库,具体如图8-40所示。

3)基础数据管理模块

基础数据管理主要针对项目基本信息、进度信息、监测设备信息3个方面展开,通过主界面的基础数据管理下拉菜单栏分别进入不同的管理界面,对公路基层施工扬尘有关的信息数据进行收集并存储至云端数据库,方便对后续扬尘扩散原因进行合理的数据分析。

a) 用户操作　　　　　　　　b) 基础数据管理

c) 实时监测　　　　　　　　d) 综合信息查询

图 8-38　各模块下拉菜单栏

图 8-39　用户登录界面

图 8-40　数据库连接界面

(1) 项目基本信息管理

对施工资料的数字信息化管理, 从项目信息、施工人员信息、施工器械信息、施工工艺 4 个方面展开, 项目信息管理功能对项目的基本情况进行简要概述, 主要包含工程项目名称、地理位置、用途等信息。施工人员信息管理功能是为了方便施工单位进行人员统计, 包括照片、部门、工种等基本信息的采集, 离职人员可以从系统中完成信息删除。施工器械信息管理是为了方便施工单位管理者进行器械管理, 通过将施工器械信息存储至数据库, 对每次使用进行信息统计, 将责任落实到个人身上可以有效地避免施工器械的不规范使用。施工工艺管理是将公路工程施工各阶段的施工工艺流程及注意事项存储至数据库, 根据施工人员的需要合理地进行该资料的下载与使用, 具体操作界面如图 8-41 ~ 图 8-44 所示。

(2) 进度信息管理

主要是对公路施工项目在施工过程中的特征信息进行数字化收集, 包括施工时间、施工桩号、施工工艺、施工强度、施工照片、施工人员和机械、洒水车工作时间等信息, 将进度信息存储至云端数据库。对施工阶段的记录有利于对比研究不同施工阶段的公路施工扬尘排放特性,进度信息有利于项目管理者了解现场施工进度,便于后续对扬尘扩散影响因素进行分析,具体如图 8-45 所示。

图 8-41　项目信息管理界面

图 8-42　施工人员信息管理界面

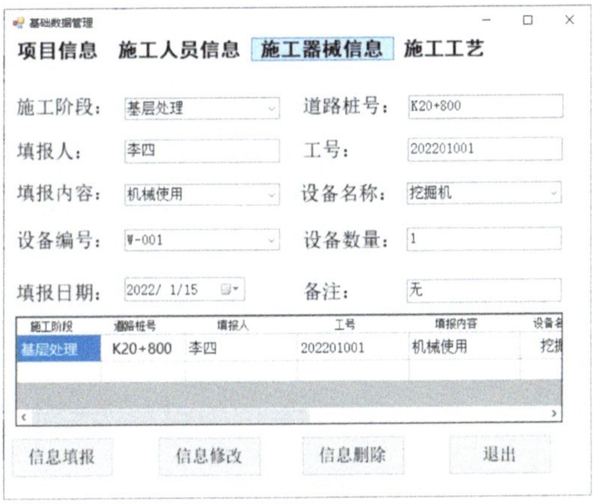

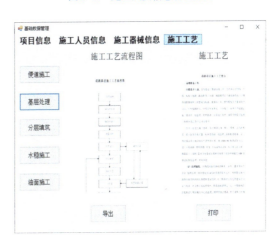

图 8-43　施工器械信息管理界面

图 8-44　施工工艺管理界面

(3)监测设备信息管理

针对现场监测人员开发此功能模块,目的是为了补充监测位置等信息及记录设备的检测数据,现场监测人员对设备状态、设备编号、公路施工阶段、天气状况、风速及日期等数据进行记录,确保监测设备的正常运行,避免产生由于设备损坏导致数据缺失的情况。通过将天气及风速的现场记录数据与网络爬虫获取数据进行对比,提升环境数据的准确性。记录的数据可通过监测设备信息管理系统顶部菜单栏进行数据添加、存储、修改、删除等一系列基本操作,通过该界面进行监测设备的报修和校准,方便现场监测人员进行一些现场监测信息的填报,并通过现场实际情况对监测方案进行及时修改,得到更接近真实情况的施工扬尘浓度值,为监测数据精度提供保障,如图 8-46 所示。

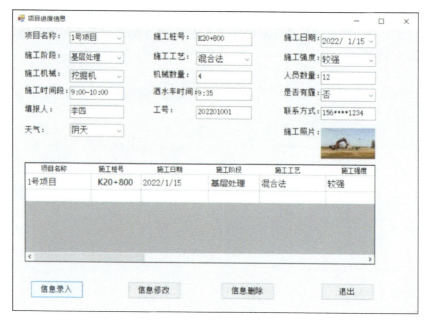

图 8-45 施工进度信息管理界面

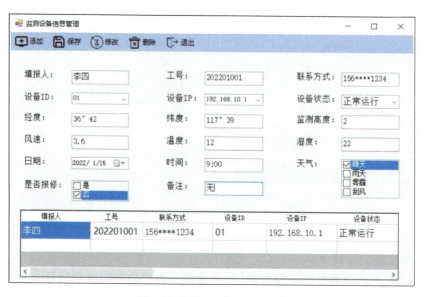

图 8-46 监测设备信息管理界面

4）实时监测模块

实时监测模块主要包括扬尘浓度数据实时监测、环境数据实时监测、施工特征数据实时监测 3 个功能。

（1）扬尘浓度数据实时监测

主要是针对现场监测的 PM 值浓度进行可视化展示，如图 8-47 所示，包括数据库列表及折线图的趋势展示。由于屏幕空间限制，无法显示出全部数据，选取近 10 条数据进行页面展示，其余数据可以通过滚动滑块进行查看。管理者可以通过对不同监测点及监测元素的选取,查看不同设备不同监测元素的近期数据。

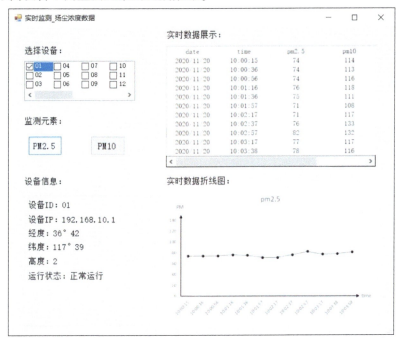

图 8-47 扬尘浓度实时监测

(2)环境数据实时监测

环境数据是在慧聚数据网站通过互联网进行获取的,环境数据包括温度、湿度、风速、风向、大气压强、平均总云量等,数据以每小时进行记录,这对后续扬尘扩散分析十分重要,通过系统界面进行实时数据库列表及图形展示。选取不同元素展示近 12h 的环境数据及风向玫瑰图,如图 8-48 所示。

(3)施工特征数据实时监测

施工特征数据是施工进度的存储数据进行可视化展示的基础,主要包括施工桩号、施工阶段、施工工艺、施工强度、施工人数及机械、洒水时间等,有利于后续对扬尘扩散因素进行相应地分析。通过实时监测数据的展示有利于分析公路施工扬尘污染情况,并针对性地进行措施处理,对公路施工扬尘进行更高效地控制。

5)综合信息查询模块

综合信息查询模块主要包括监测设备信息查询、项目施工信息查询、历史监测数据查询 3 个功能。

(1)监测设备信息查询功能

引入三维公路模型,公路三维模型可以进行放大、缩小、自由移动视角操作,方便使用者进行模型查看,通过监测点位的经纬度信息在三维模型中定位到相应位置,并通过点击可交互的点来查看点位信息。项目管理者在进行监测点位查看时,可以通过点击相应点位或者选取相应 ID 的监测设备进行点位信息的查看,也可以通过界面左下角的按钮进行点位信息的修改和设备报修的基本操作,如图 8-49 所示。

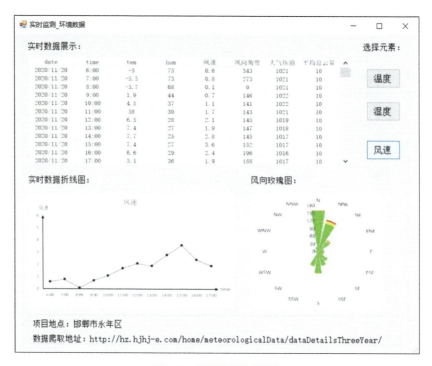

图 8-48　环境数据实时监测

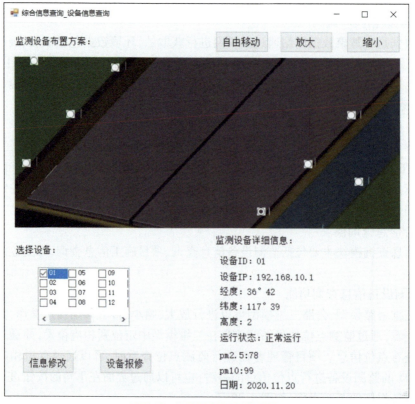

图 8-49　监测设备信息查询界面

(2) 项目施工信息查询

项目施工信息查询包括项目信息查询、施工人员信息查询、施工器械信息查询、施工工艺查询和施工进度查询5个方面。项目信息查询是根据项目名称查询相应项目的简介、位置、联系人等信息;施工人员信息查询通过指定条件查询人员登记在系统中的信息,结果以数据库表格形式进行展现;施工器械信息查询是基于机械编号、不同施工阶段、公路桩号等信息进行相应条件的查询,对施工机械的施工情况进行有效统计,结果以数据库表格的形式进行展现;施工工艺查询是根据不同施工阶段为条件查询相应施工工艺;施工进度查询如图8-50所示,通过施工桩号、施工日期、施工强度、施工时间段等条件查询公路施工进度的动态过程。系统还支持自定义条件查询,结果以数据库表格形式进行展现。

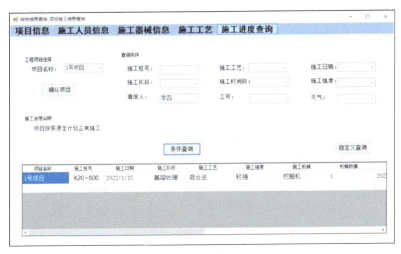

图 8-50 项目施工进度查询界面

(3) 历史监测数据查询

历史监测数据查询分为日、周、月的历史数据查询,综合设备监测扬尘数据和施工环境数据,通过选择不同监测设备与日期进行 PM2.5、PM10、温度、湿度、风速、风向数据的图形展示,根据坐标间隔的不同取值展示不同时间段的监测数据折线图,如图8-51所示。同时,也可以通过界面显示的数据表查询数据库中的历史数据表。通过历史监测数据查询功能可以有效地进行数据管理,高效地进行数据使用,为后面数据分析奠定了基础。

6) 数据分析模块

数据分析模块包括对公路施工扬尘时间维度和空间维度的分析。时间维度主要用于确定不同影响因素对公路施工扬尘的影响,空间维度用于确定公路施工扬尘空间扩散范围及特征。

(1) 时间维度的分析

时间维度的分析是研究公路施工扬尘浓度变化与各因素之间的关系,选定不同监测设备与监测日期进行查询,可以得到对应设备与日期的 PM 值浓度和环境影响因素随时间变化的折线图,选择想要研究的时间点查询施工特征数据,包括施工强度、施工工艺、人员及机械数量、是否有雾霾、洒水车工作时间等特征数据。通过对应折线图进行该时刻分析,可以得到影响因素判定结果,包括各因素与公路施工扬尘呈正相关、负相关、无明显关系,以及将对应时间点和设备编号上传至云端数据库,如图 8-52 所示。通过海量数据综合分析,可以最终得到公路施工扬尘影响因素,助力管理部门更加高效地开展扬尘治理工作。

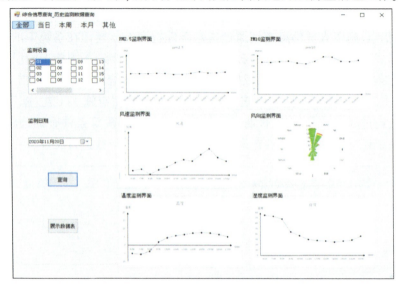

图 8-51　历史监测查询界面

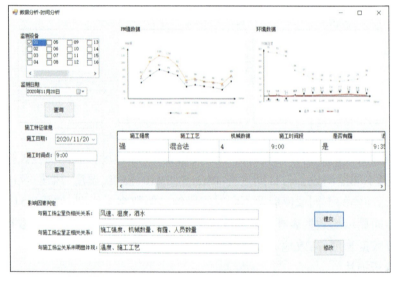

图 8-52　时间分析界面

(2)空间维度的分析

空间维度的分析是研究公路工程施工扬尘扩散范围,系统通过输入大气稳定度等级、扬尘源距离、风速、施工区域的起尘面积率、含水率、积尘负荷、机动车数量、有效去尘率等参数,基于高斯扩散的公路基层施工扬尘扩散模型计算出该点位的扬尘浓度,与环境扬尘自身浓度进行对比,并根据模型计算出公路施工扬尘扩散图,确定公路工程施工扬尘水平及垂直方向扩散范围,提交上传,如图 8-53 所示。综合多种影响因素数据研究公路工程施工扬尘产生及扩散特征,有助于管理部门更加高效地开展扬尘治理工作。

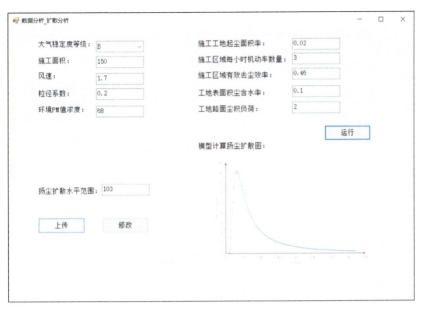

图 8-53 空间分析界面

本章参考文献

[1] 黄宇,虎彩娇,成海容,等.武汉市扬尘源颗粒物排放清单及空间分布特征[J].武汉大学学报(理学版),2018,64(4):354-362.

[2] 阮顺领,金裕,李玲燕,等.施工场所点源扬尘扩散特征模拟分析[J].环境科学与技术,2019,42(S2):275-279,285.

[3] 侯亚峰,邢敏,潘研,等.北京市土方阶段施工工地扬尘排放特征及关键影响因素分析[J].环境污染与防治,2021,43(2):171-177,181.

[4] 王贤明,谷琼,胡智文.C#程序设计[M].北京:清华大学出版社,2017.

[5] 刘春茂,李琪.C#程序开发案例课堂[M].北京:清华大学出版社,2018.

[6] 刘亚静.地理信息系统二次开发[M].武汉:武汉大学出社,2014.

[7] CHROMY W, NAUMANN J, BANDMANN M. Asbestos in tunnel construction[J]. Tunnelling and Underground Space Technology, 2006, 21(3-4).

[8] JIAN Z, RAUFDEEN R, MATTHEW H, et al. Dust pollution control on construction sites: awareness and self responsibility of managers[J]. Journal of Cleaner Production, 2017, 166(10):312-320.

[9] 范武波,陈军辉,唐斌雁,等.成都市施工扬尘排放特征研究[J].中国环境科学,2020,40(9):3767-3775.

[10] 杨志华,张瑞,刘琼玉,等.武汉市开放源PM_(2.5)成分谱的建立与特征分析[J].环境工程,2021,39(5):80-88.

第9章 公路工程智慧工地安全监控系统

9.1 系统概述

当前全球信息技术快速发展,我们正处于一个全新的数字化时代。信息技术的创新正在以惊人的速度影响着科技产业的变化。物联网、大数据、人工智能等领域的突破正推动着我们进入一个人与人、人与物、物与物无缝连接的世界,数字化、智能化服务正迅速渗透到各个领域。近年来,各种建设工程规模不断扩大,面对建设工地面积大、人员多、设备物资分散、管理作业流程琐碎等问题,传统的手工纸介质记录的工作方式已不足以满足大型项目管控的要求。利用信息化手段实现监管模式的创新,解决建设工程中出现的"监管力度不强,监管手段落后"这一难题,成为项目建设管理方的必然选择,同时,信息化手段的引入也对实现公路工程智慧工地的全面建设具有重要的现实意义。

为解决当前智慧工地现场管理的突出问题,围绕现场人员和设备等重要资源的管理需求,构建实时高效的公路工程智慧工地安全监控系统。此系统将人员监控、位置定位、员工考勤、应急报警、设备管理等功能有效整合。通过对现场相关信息的采集和实时分析,公路工程智慧工地安全监控系统为项目管理人员进行现场人员调度、设备监管以及项目整体进度管理提供了决策依据。

公路工程智慧工地安全监控系统功能设计主要从现场人员进入危险区、聚集、滞留、越界和脱岗的行为角度出发,本着智慧工地施工现场人员"安全第一"的原则,开发了公路工程施工安全监控管理子系统和公路施工安全监控后台管理子系统两个系统。

(1)公路工程施工安全监控管理子系统

在公路工程施工安全监控管理子系统中,通过图表的形式呈现数据可视化,让数据"说话"。管理者可通过可视化界面实时观测施工现场动态,接收并监管设备状态、人员状态和现场报警等信息,以便安全管理工作的开展。

(2)公路工程施工安全监控后台管理子系统

本系统采用主流管理平台、大型关系数据库技术(系统选用 MySQL 数据库)、主流软件开发技术和现代网络通信技术,充分考虑与其他信息系统的开放互联和数据之间的关联。在网络环境开放性基础上,形成以完备的智慧工地各项信息数据库为基础,以开放的专题系统数据信息服务平台为依托,集成系统和其他相关应用,建成公路施工安全监控后台管理子系统。

公路施工安全监控后台管理子系统对施工场地人员、设备进行集中化管理。系统主要实现了监控设备的录入、领取、归还,项目资料查询及结果输出、修改、删除等功能,实现了公路工程智慧工地安全监控的信息化管理,保留设备的历史记录使智慧施工中的数据源头可追溯。

9.1.1 系统需求分析

由公路工程智慧工地安全监控系统的特性可知,要想实现动态实时监控,就要实现对系统的精细化控制,在时空上保持系统的协调统一。而本系统尝试的动态化方案更是需要从各个方面实现对系统的精确监控,及时获取系统的状态及人和设备的动向。因此,系统分为功能性需求和非功能性需求两部分,其中功能性需求有如下4点。

(1)实现人员定位实时监控

将监控设备传输到数据库的人员定位数据进行算法转换,传递到公路工程施工安全监控管理子系统,实现人员位置的动态更新。

(2)实现项目信息化管理

将项目的基础信息和涉及的监控设备通过公路施工安全监控后台管理子系统统一录入数据库,由专门的管理员进行统一化管理,包含但不限于设备的录入、发放和归还等信息。

(3)实现预警情况的上报

基于固定和移动的电子围栏对施工人员的违规行为,即聚集、滞留、越界、跨越危险区及脱岗等行为进行报警。

(4)构建合理高效的数据表

探究得到数据间的相互关联,合理构建数据表,以进行统一管理,方便管理者做出决策。

在考虑到以上功能性需求的基础上,该系统在设计中还遵从了如下5点非功能性需求。

(1)实用性

系统的设计需要采用当前主流的设计软件,具有新颖性和先进性,同时也要以先进的理论为支撑,最重要的是实用性,要将抽象复杂的材料信息融合进系统,使系统具有可实施性,可以通过对系统的操作完成施工信息的采集、材料使用等有益于减少工作量的工作,并且确定功能已经开发完成,可以持续保存信息。

(2)安全性

系统的安全性是保障系统准确性的前提。公路工程智慧工地安全监控系统是在施工现场大量数据监控管理的基础上实现具体功能的系统。由于对数据的真实性、准确性、可靠性要求较高,所以要保证系统具有安全性,防止数据被篡改、删除、破坏和泄密。

(3)标准性

系统在设计时应该考虑到后续的兼容性和系统升级等问题,采用行业规范标准进行软硬件设计、数据采集和接口规范化,可以保证系统的对外兼容性,避免后续升级维护带来的麻烦,保证系统可持续工作。

(4)可扩展性

系统设计应考虑系统的后续完善问题,以及在系统后续的开发中还需要加入各种新表及新的字段等问题,系统应可以在应用的深度和范围方面不断扩展。

(5)高效稳定性

良好的用户体验是系统的主要需求之一,为保证系统的高效性,设计中应该减少设计语言的冗余,避免资源浪费;为保证系统运行的稳定性,可提供紧急预案,实现数据快速处理。

9.1.2 系统结构设计

对于公路工程智慧工地安全监控系统结构设计,首先是对前端作业现场相关内容进行设计,即施工人员身上的设备能够实时上传人员定位信息和机械设备上的设备进行定位监控。将信息通过网络传到数据分析云平台,使用 MySQL 数据库管理系统对数据进行存储和管理,利用系统平台服务器对其进行解析,解析后的数据传到应用端。应用端包括 PC 端的监控平台和移动端的手机 App,利用应用端操作危险预警和问题反馈,如果是系统内部出现问题,则进行内部操作,即对系统进行更改修复;如果是外部设备出现问题,则进行外部操作,即派工人到现场去,解决问题报警。系统的结构设计如图 9-1 所示。

图 9-1　系统结构设计图

9.2　系统硬件设计

1)定位系统

北斗卫星导航系统(BeiDou Navigation Satellite System,BDS)是中国自行研制的全球卫星导航系统,也是继 GPS(Global Positioning System,全球定位系统)、GLONASS(Global Navigation Satellite System,格洛纳斯卫星导航系统)之后的第 3 个成熟的卫星导航系统。北斗卫星导航系统于 1994 年开始建设,于 2020 年 7 月 31 日正式开通。北斗卫星导航系统由空间段、地面段和用户段三部分组成,在全球范围内全天时、全天候为各类用户提供高精度、高可靠定位和授时服务。全球定位系统 GPS 由美国国防部研制和维护,早在 1993 年就投入使用,已广泛应用于各个领域。目前,不同卫星导航系统之间的兼容与互操作将成为趋势,组合定位导航技术也将成为重要的发展方向。在综合分析 GPS 和北斗卫星导航系统优缺点的基础上,公路工程智慧工地安全监控设备采用北斗/GPS 双模定位方式实现了定位,并进行了实际测试。

2) 系统硬件

系统硬件方面主要由单片机、北斗/GPS 模块组成,如图 9-2 所示。定位信息采集模块由北斗/GPS 模块及有源天线组成。其中,北斗/GPS 模块为高性能双模定位模块,该模块具有 167 个通道,追踪灵敏度高达 $-165\mathrm{dBm}$,测量输出频率最高可达 20Hz。北斗/GPS 模块体积小巧,性能优异,可通过串口设置各种参数,并可将设置保存在内部 FLASH 中,使用方便。模块自带 IPX 接口,可以连接各类有源天线。通过有源天线可实现室内定位功能,模块兼容 3.3V/5V 电平,方便连接单片机系统。该模块自带可充电备用电池,具有掉电保持星历数据功能。

图 9-2 系统 GPS 模块

单片机主控制器使用 C 语言编程,编写了 GPS 位置信息接收、解析以及传输到云端服务器的程序,单片机控制北斗/GPS 模块采集信息,并将采集的定位信息以 NMEA-0183 协议通过 UART(串口)发送至单片机。单片机对接收到的 NMEA-0183 格式位置信息进行解析和处理,最后将得到的经纬度、海拔、授时、速度等信息通过大屏实时显示。系统采用了功能强大的 STM32H743IIT6 型号单片机作为控制模块。该型号单片机使用了 Cortex-M7 内核,具有 6 级流水线,性能高达 5CoreMark/MHz,自带指令和数据 Cache,集成双精度硬件浮点计算单元(DPFPU)和 DSP 指令,具有 1060KB SRAM,并且支持 SDRAM,具有低功耗、低成本、集成度高、便于开发等特点。北斗/GPS 模块与单片机之间采用 UART(串口)通信方式,定位数据以 NMEA-0183 协议的格式发送至单片机。NMEA-0183 协议是美国国家海洋电子协会(National Marine Electronics Association,NMEA)为海用电子设备制定的标准格式,目前已成北斗/GPS 导航设备统一的 RTCM(Radio Technical Commission for Maritime Services)标准协议。云端服务器通过 Java 和 Python 监听端口、解析数据,并传递到云端数据库。

该系统内部集成了接收天线模块、低噪声放大模块和电源供给模块。有源天线通常由多个分布式收发单元和辐射模块组成,每个辐射模块的频率、幅度、相位可控,能形成单个或多个波束,并可控制波束指向及波束重构,以实现大角度范围内的灵活扫描。与传统的无源天线系统相比,有源天线具有诸多技术优势。将有源天线通过 IPX 转 SMA 的连接线连接到北斗/GPS 模块上的 IPX 接口,可以实现有源天线在室外定位,而北斗/GPS 模块在室内定位。

公路工程智慧工地安全监控设备为智慧施工提供了时空数据的追溯、管理及人员预警支持,其基于工业级 4G/5G 全网通、高度集成定位设备。设备无任何外部连接,可以安装在任意的移动目标物体上,不间断地采集人员、车辆、资产、工具的时空坐标数据,实现对施工场景内的人、车、物、料等的精确定位、无缝追踪、智能调配与高效协同。设备主要分为施工背心型设备和施工机械搭载型设备。

设备的主要技术参数详见表 9-1。

主要技术参数　　　　　　　　　　表 9-1

序号	项目	参数值
1	内置电池	1350mAh
2	通信方式	TCP(默认)
3	定位方式	北斗/GPS 定位、AGPS 定位、基站定位
4	定位时间	冷启动:35s 最优;热启动:1s 最优
5	充电时间	3h

9.3 系统功能设计

公路工程智慧工地安全监控系统,包括在线情况功能、工种占比功能、视频监控功能、施工地图功能、报警统计功能、报警信息功能、报警趋势功能、基础信息管理、电子围栏、设备管理、智能统计管理、系统管理 12 个部分。其功能设计如图 9-3 所示。

1)在线情况功能

在线情况包括在线人员统计、在线机械统计、异常设备统计 3 个部分。在线人员统计指实时统计位于施工区的人员人数;在线机械统计指实时统计对周围产生危险的施工机械设备数量;异常设备统计指实时统计不可用的 GPS 设备数量。

2)工种占比功能

系统可对进出施工区的人员的工种进行统计,以饼状环形图的形式实时显示不同工种类型的占比情况及数量。

3)视频监控功能

系统可在可视化页面显示监控摄像头传输过来的视频画面,实时查看施工人员或机械设备工作状态及安全状况。

4)施工地图功能

(1)系统可在施工地图中实时捕捉并显示位于施工区中施工人员的精准位置。同时,在地图中标注危险区域、越界区域等区域,清晰明了地展示限制区域位置。

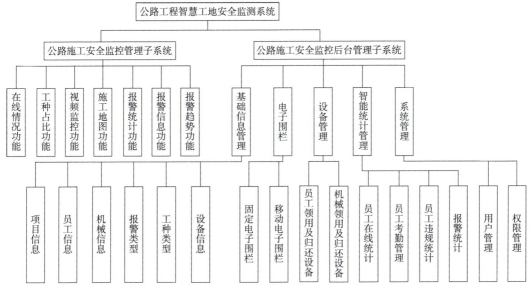

图 9-3　系统功能设计图

(2)系统设置各种安全智能报警功能,如闯入危险区报警、越界报警、聚集报警、滞留报警、脱岗报警。各类报警内容说明如下:

①闯入危险区报警:重点危险区域禁止人员进入,若有人进入,系统自动发出危险报警警告。

②越界报警:当工作人员进入自己权限范围以外的区域时,系统自动发出越界报警警告。

③聚集报警:设置聚集报警的区域、人员额定聚集量上限,当聚集区域内人员数量超过设置的额定聚集量上限时,系统立即发出聚集报警警告。

④滞留报警:当某个工作人员在设定的滞留区域滞留超过设定时间时,系统自动发出滞留报警警告。

⑤脱岗报警:在系统中设置某一工作区域内的指定工作人员、在岗时段,一旦员工离开该区域超过一定时间,系统立即发出脱岗报警警告。

5)报警统计功能

系统根据不同报警类型,分别实时统计并展示当前危险报警、越界报警、脱岗报警、滞留报警、聚集报警、移动报警的相应报警数量。

6)报警信息功能

系统可根据不同报警类型以动态滚动的形式展示员工姓名、员工工号、员工电话等具体报警信息,以便及时提醒员工规避危险。

7)报警趋势功能

系统根据不同报警类型,获取每天各类报警类型的报警数量,以折线图的形式展示报警趋势,为管理者的下一步决策与管理提供依据。

8）基础信息管理

基础信息管理是对项目上的基本信息的汇总，包括项目信息、员工信息、机械信息、报警类型、工种类型、设备信息。

9）电子围栏

电子围栏主可以产生和接收高压脉冲信号，主要是产生报警信号，并把入侵信号发送到系统中，其中电子围栏分为固定电子围栏和移动电子围栏。

10）设备管理

设备管理能实时获取定位设备的数量及状态，比如员工设备的领用及归还状态、机械设备的领用及归还状态等。

11）智能统计管理

系统可对进出施工区的人员进行统计，包括人数、工种等。定位设备可实时捕捉施工人员的精准位置，并上传到服务器，同时可在网页端动态显示并生成运动轨迹。管理人员可随时在网页端观看施工人员及设备活动情况，并可查看任意区域、任何班组、部分、个人的信息状况，并可进行报表打印、历史数据查询等。同时，可对施工人员的不安全行为进行计数统计。

12）系统管理

系统管理包括用户管理和权限管理两部分。用户管理是系统中不可或缺的一部分，通常，用户管理主要涉及两方面：系统终端用户的管理和系统维护人员的管理。权限管理是系统的安全范畴，要求必须是合法的用户才可以访问系统（用户认证），且必须具有该资源的访问权限才可以访问该资源（授权）。

9.4 数据库设计

随着大数据互联时代到来，越来越多数据产生，对这些数据进行管理有利于掌握行业规律，推动行业发展。数据库应用于大量数据的存储和管理，数据库类型众多，包括层次数据库、网状数据库、关系型数据库和非关系型数据库，当前主流使用的数据库为关系型数据库。关系型数据库是通过数据表的形式对数据进行结构化管理，其稳定性和可靠性较高，且易于查询，常用的关系型数据库包括 Microsoft Access、Oracle、MySQL、SQL Server 等。

系统采用的数据库是 MySQL 数据库，作为当下最流行的开放源码数据库，其体积小、速度快，且成本低，获得个人和中小企业的一致好评。对于 Web 开发，MySQL 数据库可以很好地与 PHP 结合使用，是最好的数据库管理系统之一，本系统使用的 Xampp 建站集成软件包中集成了 Apache 服务器、MySQL 数据库，可以快速高效地进行 Web 网页搭建，为系统开发创造便利的条件。

（1）数据库逻辑结构

在明确系统需求后，数据库的设计应有利于资源节约、运行速度提高和系统故障减少。系统中首先是由设备传输数据至原始数据表，原始数据表中的数据一部分进到原始总表，另一部分进行数据转换，数据在进入到原始总表之前，人员信息数据会导入到静态的人员信息表内,通过设备 ID 来与原始数据进行关联。原始总表中的数据有 3 个流向:第一部分数据先是利用代码筛选出来的数据进行移动区域判断,再导入各类报警编号来筛选出作业异常数据存储到相应的数据表;第二部分数据为利用代码筛选来进行判断,筛选出在线人数和工种占比在分别储存到相应的数据表;第三部分数据为导入各类报警范围利用区域类型进行判断,筛选出危险异常、脱岗异常、越界异常、滞留异常和聚集异常行为的数据,在分别储存到相应的数据表。具体数据结构设计如图 9-4 所示。

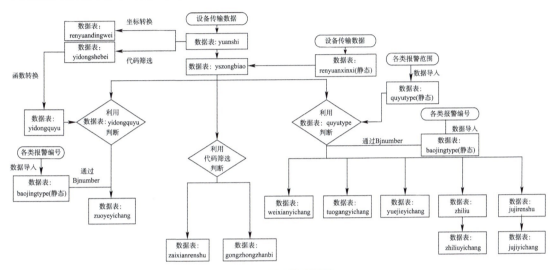

图 9-4　数据结构设计图

（2）数据表设计

数据表设计可以较好地服务于系统功能的应用,是数据库设计的核心。前台系统按照系统的功能模块确定数据库的逻辑结构,并建立不同的数据表,根据不同的功能设计具体数据表的字段及数据类型,详见表 9-2 和表 9-3。

前台系统报警信息表　　表 9-2

名称	字段名	字段类型	长度
序号	ID	Int	11
报警类型对应编号	BJnumber	Int	11
GPS 设备编号	ShebeiID	Bigint	19
经度	Lon	Decimal	(11,8)
纬度	Lat	Decimal	(10,8)
海拔	Alt	Double	8
经度转化后的坐标	X	Decimal	(8,4)
纬度转化后的坐标	Y	Decimal	(8,4)
海拔转化后的坐标	H	Double	8
数据插入时间	Updatetime	Timestamp	0

前台系统在线信息表 表9-3

名称	字段名	字段类型	长度
序号	ID	Int	11
在线人员数量	RenyuanSum	Int	11
在线机械数量	JixieSum	Int	11
异常设备数量	YichangSum	Int	11

后台系统按照系统的功能模块确定数据库的逻辑结构,并建立不同的数据表,根据不同的功能设计具体数据表的字段及数据类型,详见表9-4和表9-5。

后台系统报警信息表 表9-4

名称	字段名	字段类型	长度
序号	ID	Int	11
报警类型对应编号	BJnumber	Int	11
GPS设备编号	ShebeiID	Bigint	19
经度	Lon	Decimal	(11,8)
纬度	Lat	Decimal	(10,8)
海拔	Alt	Double	8
经度转化后的坐标	X	Decimal	(8,4)
纬度转化后的坐标	Y	Decimal	(8,4)
海拔转化后的坐标	H	Double	8
数据插入时间	Updatetime	Timestamp	0

后台系统子类表 表9-5

名称	字段名	字段类型	长度
序号	ID	Int	11
一级目录代号	Did	Varchar	50
二级目录代号	Mid	Varchar	50
三级目录代号	Mmingcheng	Varchar	50
路径跳转	URL	Varchar	50

9.5 系统功能实现

9.5.1 公路工程施工安全监控管理子系统

在公路工程施工过程中,施工环境艰苦恶劣,工种危险系数较高,公路工程施工安全监控管理子系统围绕现场工作人员、作业设备等重要资源,通过精准地对其开展标签定位,有效地将人员监控、位置定位、工作考勤、报警提示等资源进行整合并实现可视化展示,为提供安全解决方案和开展援救工作提供可靠的数据信息根据。公路施工安全监控管理子系统有 7 个模块,其中有在线情况功能介绍、工种占比功能介绍、视频监控功能介绍、施工地图功能介绍、报警统计功能介绍、报警信息功能介绍、报警趋势介绍,公路工程施工安全监控管理子系统布局如图 9-5 所示。

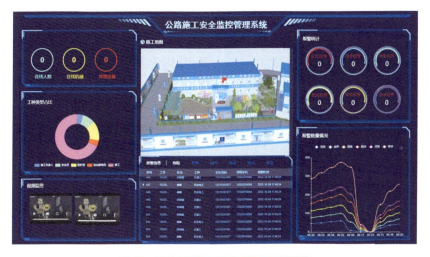

图 9-5 公路工程施工安全监控管理子系统

9.5.2 公路工程施工安全监控后台管理子系统

公路工程施工过程中,存在人员多、设备物资分散、管理作业流程琐碎等问题。公路施工安全监控后台管理子系统利用位置数据驱动各种功能,设置基础信息管理、电子围栏、设备管理、智能统计分析、系统管理 5 个一级目录,并下设 25 个二级目录。通过对现场相关数据信息的采集、分析和整合大大地提高了公路工程施工效率,增强了公路工程施工管理能力,为管理层进行人员调度、设备和物资监管以及项目整体进度管理提供决策依据,公路施工安全监控后台管理子系统管理思路如图 9-6 所示。

(1)模块功能介绍

为保障系统内信息的安全性,公路工程施工安全监控后台管理子系统不对外公开,仅限项目施工的工作人员登录使用,包括公路施工安全监控后台管理子系统的管理员及系统维护人员。因此,用户需要进行信息验证才可进入系统,登录界面见图 9-7 所示。

图 9-6　公路工程施工安全监控后台管理子系统管理思路图

图 9-7　公路工程施工安全监控后台管理子系统

进入公路工程施工安全监控后台管理子系统之后,可以看到菜单栏中有 5 个一级目录,分别为基础信息管理、电子围栏、设备管理、智能统计管理、系统管理。一级目录下面分别有 25 个二级目录,分别有项目信息、员工信息、机械信息、报警类型、工种类型、设备信息、员工领用设备、员工归还设备、机械领用设备、机械归还设备、用户管理、权限管理、固定电子围栏、移动电子围栏、员工在线统计、员工考勤管理、员工违规统计、危险报警统计分析、越界报警统计分析、脱岗报警统计分析、聚集报警统计分析、滞留报警统计分析、固定区域报警统计、移动区域报警统计、全部报警统计分析。具体的页面样式如图 9-8 和图 9-9 所示。

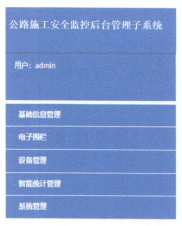

图 9-8　菜单栏 5 个一级目录

图 9-9　菜单栏 25 个二级目录

(2) 基础信息管理——项目信息

项目信息功能中可查看项目信息和合作单位信息。合作单位信息中包括建设单位信息、勘察设计单位信息、施工单位信息、监理单位信息，具体内容如图 9-10 所示。

图 9-10　项目信息界面

(3) 基础信息管理——员工信息

员工信息功能主要为统计员工的基本信息，包括新建、查看详情、修改、复制、删除功能。员工信息功能及相应页面如图 9-11 所示，通过输入员工查询信息进行准确查找，通过输入筛选范围进行模糊查询，从而得到员工基本信息一览表。点击新建员工信息表可以重新建表，填写基本信息界面，包括员工工号、员工姓名、性别、年龄、员工工种编号、领用人编号、员工直属领导、直属领导电话、机械设备编号、机械设备状态等信息，填好基本信息后点击新建按钮，就会实现员工基本信息表的新建。表格建立完成以后可以查看详情，如果需要信息编辑，可以点击修改按钮进行修改，通过删除按钮，就可以删除员工的基本信息。

图 9-11　员工信息界面

(4)基础信息管理——机械信息

机械信息主要为统计施工作业机械基本信息，如起重机、挖土机等的基础信息，包括新建、查看详情、修改、复制、删除功能。机械信息功能及相应页面如图 9-12 所示，查询机械信息可以通过输入机械编号进行准确查找，通过输入筛选范围也可以进行模糊查询，从而得到机械的基本信息一览表。点击新建机械信息表可以重新建表，包括机械的编号、类型、长度、宽度、使用寿命、购买时间、员工工种编号、滞留时长、聚集人数、录入人、录入时间等信息，填入基本信息以后点击新建按钮，就会实现机械信息表的新建，表格建立完成以后可以查看详情，如果需要信息编辑，可以点击修改按钮进行修改，点击删除按钮，就可以删除施工作业机械基本信息。

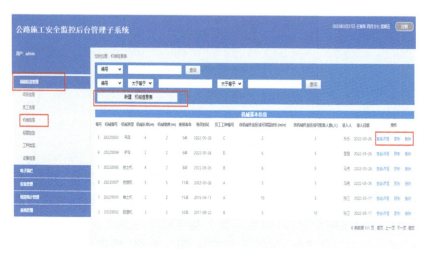

图 9-12　机械信息界面

(5)基础信息管理——报警类型

报警类型信息主要为统计报警类型、报警编号、报警说明等具体信息，包括新建、查看详情、修改、复制、删除功能。报警类型功能及相应页面如图 9-13 所示，通过输入报警编号进行准确查找，通过输入筛选范围进行模糊查询，从而得到报警类型信息一览表。将报警编号输入之后，就可以看到我们想要找的报警类型，可以查看详情，表格中有报警类型、报警编号、报警说明等内容，如果需要信息编辑，可以点击修改按钮完成对报警信息的修改。

(6)基础信息管理——工种类型

报警类型信息主要显示工种类型、工种编号、工作内容说明等具体信息，包括查看详情和修改功能。工种类型功能及相应页面如图 9-14 所示，报警类型信息主要显示工种类型、工种编号、工作内容说明等具体信息；通过输入工种编号进行准确查找，通过输入筛选范围进行模糊查询，从而得到工种类型基本信息一览表。寻找到相应的工种以后可以查看详情，其中包括工种类型、工种编号、工作内容说明、录入人、录入日期等内容。如果需要信息编辑，可以点击修改按钮进行修改，点击删除按钮就可以删除工种类型的基本信息。

图 9-13　报警类型界面

图 9-14　工种类型界面

(7) 基础信息管理——设备信息

设备信息主要显示设备相关的基本信息,包括新建、查看详情、修改、复制、删除功能。设备信息功能键及相应页面如图 9-15 所示,通过输入设备编号进行准确查找,通过输入筛选范围进行模糊查询,从而得到设备基本信息一览表,从中可以看到待查询设备的状态是正常还是异常。点击新建设备基本信息表可以重新建表,会出现设备基本信息界面,里面包括设备编号、购买时间、使用寿命、投入使用时间使用状态、操作人、日期等信息,填入好基本信息以后点击新建按钮,可以实现设备基本信息表的新建。表格建立完成以后可以查看详情,如果需要信息编辑,可以点击修改按钮进行修改,点击删除按钮就可以删除设备的基本信息。

(8) 电子围栏——固定电子围栏

固定电子围栏主要显示各类电子围栏的位置具体信息,包括新建、查看详情、修改、复制、删除功能。固定电子围栏功能键及相应页面如图 9-16 所示，通过输入固定电子围栏编号进行准确查找，通过输入筛选范围进行模糊查询，从而得到固定电子围栏信息一览表。点击新建固定电子围栏表可以重新建表，就会出现固定电子围栏界面，里面包括围栏顶点 A 的经度、围栏顶点 A 的纬度、围栏顶点 B 的经度、围栏顶点 B 的纬度、围栏顶点 C 的经度、围栏顶点 C 的纬度、围栏顶点 D 的经度、围栏顶点 D 的纬度、是否为危险区域、是否为越界区域、越界区域允许滞留的工种、是否为脱岗区域、是否为聚集区域、聚集区域允许聚集的人数、是否为滞留区域、滞留区域允许滞留的时长等信息。填入好基本信息以后点击新建按钮，就会实现员工基本信息表的新建，表格建立完成以后可以查看详情。如果需要信息编辑，可以点击修改按钮进行修改，点击删除按钮就可以删除固定电子围栏的基本信息。

图 9-15 设备信息界面

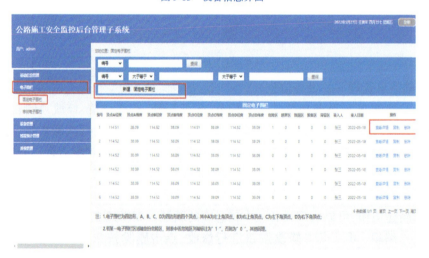

图 9-16 固定电子围栏界面

（9）电子围栏——移动电子围栏

移动电子围栏主要显示某施工机械的具体位置及其所产生的影响范围的位置具体信

息,移动电子围栏界面如图 9-17 所示。

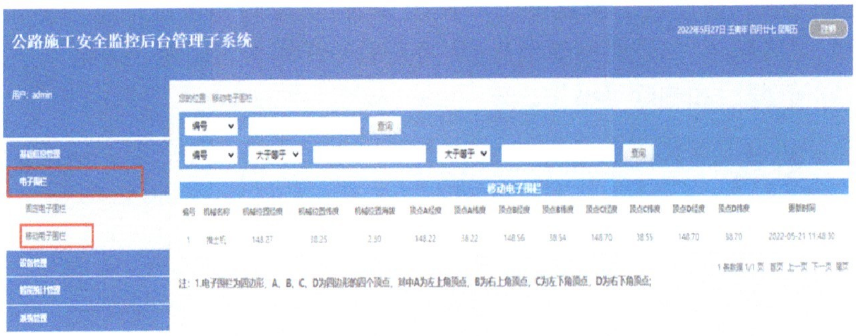

图 9-17　移动电子围栏界面

（10）设备管理——员工领用设备

员工领用设备主要为统计领用设备时的设备编号、员工工号、领用时间具体信息,包括新建、查看详情、修改、复制、删除功能。员工领用设备功能及相应页面如图 9-18 所示,查询员工领用的设备可以输入员工工号进行准确查找,通过输入筛选范围进行模糊查询,从而得到员工领用设备信息一览表。通过点击新建员工领用设备表,填写基本信息界面,包括设备编号、员工工号、领用时间等信息,填入好基本信息以后点击新建按钮,就创建完了一张新的表格。通过修改、删除按钮可分别进行信息修改和表格删除。

图 9-18　员工领用设备界面

（11）设备管理——员工归还设备

员工归还设备主要为统计归还设备时的员工工号、设备编号、领用时间的具体信息,包括新建、查看详情、修改、复制、删除功能。员工归还设备功能及相应页面如图 9-19 所示,查询拿取的设备可以通过输入设备编号进行准确查询,也可以进行范围查找,从而得到员工归还设备信息一览表。通过点击新建员工归还设备表,填写归还设备信息界面,包括设备编号、员工工号、是否归还、归还时间等信息,从而完成一张新表的创建。表格建立完成以后可以进行查看详情、修改和删除等操作。

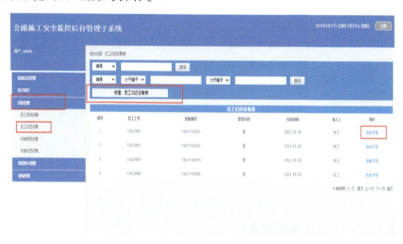

图 9-19　员工归还设备界面

（12）设备管理——机械领用

机械领用主要为统计领用机械时的机械编号、设备编号、领用时间具体信息,包括可新建、查看详情、修改、复制、删除功能。机械领用设备功能及相应页面如图 9-20 所示,查询已经领取的设备可以通过输入筛选条件进行准确查询和模糊查找。通过点击新建机械归还设备表,填写归还机械信息界面,包括设备编号、员工工号、是否归还、归还时间、录入人等信息,填入好基本信息以后点击新建按钮,即可完成新表的创建。这个表格建立完成以后可以查看详情,如果有问题可以进行修改,修改完点击修改按钮即可。

图 9-20　机械领用设备界面

（13）设备管理——机械归还

机械归还主要为统计归还机械时的机械编号、设备编号、领用时间具体信息,包括新建、查看详情、修改、复制、删除功能。机械归还设备功能及相应页面如图9-21所示,查询设备是否归还可以通过输入关键字进行准确查询,输入查找范围也可以进行模糊查询。通过点击新建机械归还设备表,填写归还机械信息,包括设备编号、员工工号、是否归还、归还时间、录入人等信息,填入好基本信息以后点击新建按钮,即可完成新表的创建。这个表格建立完成以后可以查看详情,如果有问题可以进行修改,修改完点击修改按钮即可。

图9-21 机械归还设备界面

（14）智能统计管理

智能统计管理下设员工在线统计、员工考勤管理、员工违规统计、危险报警统计分析、越界报警统计分析、脱岗报警统计分析、聚集报警统计分析、滞留报警统计分析、固定区域报警统计、移动区域报警统计、全部报警统计分析共11个统计分析功能模块,可以对报警信息进行统一地管理。智能统计管理界面如图9-22所示。

（15）系统管理

系统管理下设用户管理和权限管理两个模块,如图9-23所示。该模块功能可以对登录系统的用户信息进行统计管理,也可以对登录系统用户的权限进行设定登记。

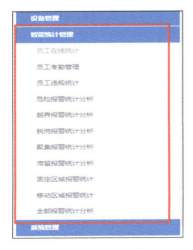

图9-22 智能统计管理功能界面

图9-23 系统管理功能界面

本章参考文献

[1] 白礼彪,张璐瑶,孙怡晨,等.公路工程项目组合施工进度风险防范策略[J].中国公路学报,2021,34(9):203-214.

[2] 李斌,肖炳甲,刘连忠.基于Java的EAST实验数据可视化系统[J].计算机应用,2010,30(S1):248-250.

[3] 曲小纳.基于PHP技术与MYSQL数据库技术的Web动态网页设计[J].电脑知识与技术,2020,16(13):50-51.

[4] 张兴斌,杨昕光,潘蓉,等.土木工程智能化监测评估系统的理论研究及应用[J].工业建筑,2021,51(12):102-106.

[5] 黄建城,徐昆,董湛波.智慧工地管理平台系统架构研究与实现[J].建筑经济,2021(11):25-30.

[6] 崔志诚,马胜.基于物联网技术的智慧工地[J].电子技术应用,2021(2):33-35,40.

[7] JOHN J. Introduction to robotics mechanics and control[M]. 3rd ed. Beijing: China Machine Press, 2006.

[8] 姜桂洪.MySQL数据库应用与开发[M].北京:清华大学出版社,2018.

[9] YANG H, WANG X W. Data gathering based on regionalized compressive sensing in WSN[J]. Chinese Journal of Computers, 2017, 40(8):1933-1945.